파이팅!
加油!

# 쉽고 부담 없이 공부할 수 있는
# 하루 10분 학습 플래너

**나의 학습 플랜 정하기**

□ 30일 완성  (하루에 Day 1개씩)
□ 15일 완성  (하루에 Day 2개씩)
□ 5일 완성  (하루에 Day 6개씩)
□ ___ 일 완성 (하루에 Day ___ 개씩)

**학습을 마친 Day 번호 체크해보기**

| 1 | 2 | 3 | 4 | 5 | 6 | 7 | 8 | 9 | 10 |
|---|---|---|---|---|---|---|---|---|----|
| 11 | 12 | 13 | 14 | 15 | 16 | 17 | 18 | 19 | 20 |
| 21 | 22 | 23 | 24 | 25 | 26 | 27 | 28 | 29 | 30 |

# 중국어회화를 공부하는 하루 10분이 더 재밌어지는
# 해커스중국어 추가 자료 6종

| | | |
|---|---|---|
| **무료**  | 모바일 말하기 훈련 프로그램 | 책의 각 Day에 있는 QR코드를 찍어서 이용 |
| **무료**  | 상황별 회화 말하기 MP3 | 해커스중국어(china.Hackers.com) 접속 후 로그인 ▶ 상단의 [교재/MP3 → 교재 MP3/자료] 클릭하여 이용 |
| **무료**  | 중국어 말하기 기초 어법 부록 | 본 책 안에 수록된 부록 보기 |
| **무료**  | 수준별 중국어 회화 및 단어 | 해커스중국어(china.Hackers.com) 접속 후 로그인 ▶ 상단의 [무료 자료 → 데일리 학습자료] 클릭하여 이용 |
| **무료**  | 중국어회화 레벨테스트 | 해커스중국어(china.Hackers.com) 접속 후 로그인 ▶ 상단의 [무료 자료 → 중국어 레벨테스트] 클릭하여 이용 |
| **할인**  | 본 교재 동영상강의 (할인쿠폰 수록) | 해커스중국어(china.Hackers.com) 접속 후 로그인 ▶ 상단의 [수강신청 → 회화] 클릭하여 이용 |

---

# 본 교재 인강 10,000원 할인쿠폰

## 2CBF6A3DCF9YX3S2

### 이용방법
해커스중국어(china.Hackers.com) 접속 후 로그인 ▶
상단의 [나의 강의실] 클릭 ▶ [결제관리 → 내 쿠폰 확인하기] 클릭하여 쿠폰 등록 후 강의 결제 시 사용 가능

* 쿠폰 등록 후 사용기간 : 7일
* 본 쿠폰은 1회에 한해 등록 가능합니다.
* 이 외 쿠폰 관련 문의는 해커스중국어 고객센터(T.02-537-5000)로 연락바랍니다.

해커스중국어 china.Hackers.com

# 해커스
## 중국어회화
# 10분의
# 기적

**상황별로 말하기**

해커스 어학연구소

# 목차

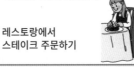
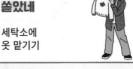

🎧 교재 학습 MP3  해커스 중국어 다운로드 china.Hackers.com

# 이렇게 공부하면 좋아요!

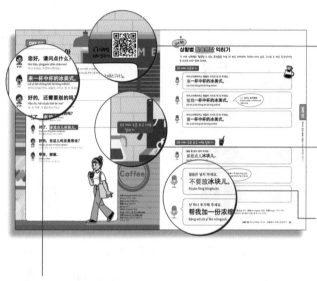

### QR코드로 음원 바로 듣기

QR코드로 접속하면 별도의 다운로드 없이 바로 음원을 들을 수 있어요. '듣기(실생활) 버전'과 '따라말하기 버전'으로 원어민 회화 속도에 익숙해지고, 회화 연습도 해 보세요.

### 세부 상황 & 대표문장 학습하기

회화 주제와 맞는 세부 상황과 대표문장을 중심으로 회화를 학습할 수 있어요.

### 상황별 활용문장 익히기

세부 상황에서 활용할 수 있는 다른 문장들을 익힐 수 있어요. 그다음 활용문장들을 회화 속 대표문장 자리에 넣어서 한 번 더 회화를 학습해 보세요.

### 리얼리티 100% 회화 학습하기

일상에서 자주 접하는 상황 속 실제 회화를 학습해 보세요.
깨알 같은 회화 표현을 하나도 놓치지 마세요.

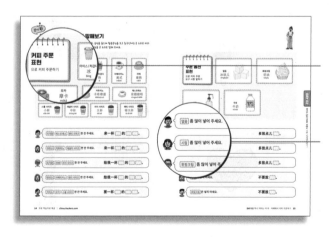

### 상황별 단어 및 표현 익히기

세부 상황에서 활용할 수 있는 다양한 생활 단어와 표현을 익힐 수 있어요.

### 단어·표현 활용해서 말해 보기

앞서 익힌 세부 상황별 활용문장에 단어와 표현을 넣어 더 많은 새로운 문장을 말해 보세요.

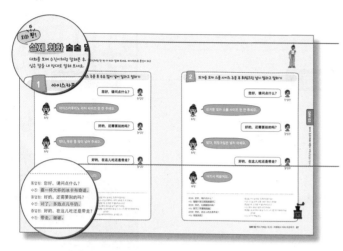

### 실제 회화 술술 말해 보기

앞에서 익혔던 상황별 활용문장과 단어·표현으로 새로운 실제 회화를 말해 보세요.

### 중국어 확인하고 내 맘대로 한 번 더 말해 보기

중국어와 해석을 보고 맞게 말했는지 확인해 보고 마지막으로 본인이 하고 싶은 말을 내 맘대로 한 번 더 말해 보세요. 중국어가 술술 나올 거에요!

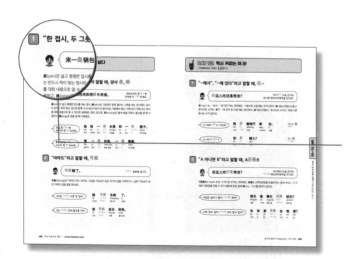

### [부록]
### 중국어 말하기 학습을 돕는 기초 어법

회화 속에 숨어 있는 기초 어법을 학습해 보세요. 쉬운 어법 설명부터 활용도 높은 예문까지 학습할 수 있어, 회화 실력이 더 쑥쑥 향상될 거에요!

# 궈바오러우 먹고 싶다

식당에서 음식 주문하기

상황별
회화 말하기

중국식 찹쌀 탕수육, 궈바오러우(锅包肉, guōbāoròu)! 시큼한 식초 향이 코를 찌르지만 한번만 먹어도 중독되는 맛이다. 그럼 빨리 시켜 볼까?

---

지훈

**来一盘锅包肉和两碗牛肉面。**

Lái yì pán guōbāoròu hé liǎng wǎn niúròumiàn.

궈바오러우 한 접시랑 우육면 두 그릇 주세요.

(1) 음식 주문하기

종업원

**好的，有什么忌口的？**

Hǎo de, yǒu shénme jìkǒu de?

네, 가리는 음식 있나요?

지훈

**不要放香菜。这些够两个人吃吗？**

Búyào fàng xiāngcài. Zhèxiē gòu liǎng ge rén chī ma?

고수는 넣지 말아 주세요. 이 정도면 둘이 먹기 충분한가요?

종업원

**可能够了，喝点什么？**

Kěnéng gòu le, hē diǎn shénme?

아마도 충분할 겁니다, 마실 거는요?

지훈

**来两瓶可乐，**谢谢。

Lái liǎng píng kělè, xièxie.

콜라 두 병 주세요, 감사합니다.

(2) 음료 주문하기

종업원

**好的，请稍等。**

Hǎo de, qǐng shāo děng.

네, 잠시 기다려 주세요.

盘 pán 접시(접시를 세는 단위)
[부록 p.188]
锅包肉 guōbāoròu 궈바오러우,
중국식 찹쌀 탕수육
碗 wǎn 그릇, 공기(사발 또는
공기를 세는 단위) [부록 p.188]
牛肉面 niúròumiàn 우육면
忌口 jìkǒu 음식을 가리다
不要 búyào ~하지 마세요
放 fàng 넣다
香菜 xiāngcài 고수
够 gòu 충분하다
可能 kěnéng 아마도 [부록 p.188]
瓶 píng 병(병을 세는 단위)
可乐 kělè 콜라
稍等 shāo děng 잠시 기다리다

# 상황별 활용문장 익히기

각 세부 상황별로 활용할 수 있는 문장들을 처음 한 번은 또박또박 천천히 따라 읽고 그다음 두 번은 중국인처럼 큰 소리로 따라 말해 보세요.

## (1) 음식 주문하기

귀바오러우 한 접시랑 우육면 두 그릇 주세요.
# 来一盘锅包肉和两碗牛肉面。
Lái yì pán guōbāoròu hé liǎng wǎn niúròumiàn.

> TIP 1 来는 '오다'라는 의미 외에도, 의미가 더욱 구체적인 동사를 대신할 때 쓸 수 있어요. 여기서는 来를 '주세요'라는 의미로 썼어요.
>
> TIP 2 요리 중에 나고 납작한 접시에 담긴 음식은 양사 盘을 주로 쓰고, 밥이나 국수 등 공기나 사발에 들어 있는 음식은 양사 碗을 주로 써요.

귀바오러우 한 접시랑 우육면 두 그릇 주세요.
# 要一盘锅包肉和两碗牛肉面。
Yào yì pán guōbāoròu hé liǎng wǎn niúròumiàn.

귀바오러우 하나랑 경장육사 하나 주세요.
# 给我一份锅包肉和一份京酱肉丝。
Gěi wǒ yí fèn guōbāoròu hé yí fèn jīngjiàngròusī.

> TIP! 양사 份은 그릇 모양과 상관없이 대부분의 음식 앞에 쓸 수 있답니다.

## (2) 음료 주문하기

콜라 두 병 주세요.
# 来两瓶可乐。
Lái liǎng píng kělè.

콜라 한 캔, 맥주 한 병 주세요.
# 给我一听可乐、一瓶啤酒。
Gěi wǒ yì tīng kělè, yì píng píjiǔ.

전 물 마시면 돼요.
# 我喝水就可以了。
Wǒ hē shuǐ jiù kěyǐ le.

 단어

盘 pán 접시(접시를 세는 단위)  锅包肉 guōbāoròu 귀바오러우, 중국식 찹쌀 탕수육  碗 wǎn 그릇, 공기(사발 또는 공기를 세는 단위)
牛肉面 niúròumiàn 우육면  份 fèn 인분(음식점에서 제공하는 음식물의 양을 셀 때 쓰는 단위)  京酱肉丝 jīngjiàngròusī 경장육사
瓶 píng 병(병을 세는 단위)  可乐 kělè 콜라  听 tīng 캔(캔을 세는 단위)  啤酒 píjiǔ 맥주

# 상황별 단어 활용해서 말해보기

각 상황별로 활용할 수 있는 단어를 따라 읽으며 익힌 후, 음성을 들으며 활용문장을 보고 중국인처럼 큰 소리로 따라 말해 보세요. 그리고 스스로 단어를 조합해 더 많은 활용문장을 큰 소리로 말해 보세요.

**중국 음식 표현**
으로 음식 주문하기

귀바오러우
锅包肉
guōbāoròu

경장육사
(중국 돼지고기 요리)
京酱肉丝
jīngjiàngròusī

궁바오지딩
(중국 닭고기 요리)
宫保鸡丁
gōngbǎojīdīng

마파두부
麻婆豆腐
mápódòufu

우육면(소고기면)
牛肉面
niúròumiàn

탄탄면
(매콤한 면 요리)
担担面
dàndànmiàn

마라탕
麻辣烫
málàtàng

공깃밥
米饭
mǐfàn

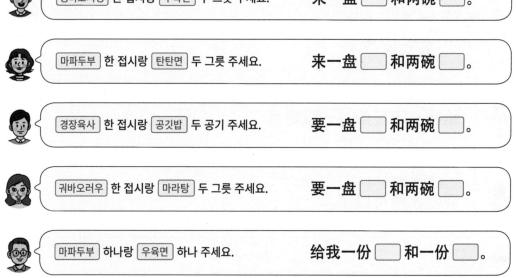

궁바오지딩 한 접시랑 우육면 두 그릇 주세요.　　来一盘 ☐ 和两碗 ☐。

마파두부 한 접시랑 탄탄면 두 그릇 주세요.　　来一盘 ☐ 和两碗 ☐。

경장육사 한 접시랑 공깃밥 두 공기 주세요.　　要一盘 ☐ 和两碗 ☐。

귀바오러우 한 접시랑 마라탕 두 그릇 주세요.　　要一盘 ☐ 和两碗 ☐。

마파두부 하나랑 우육면 하나 주세요.　　给我一份 ☐ 和一份 ☐。

**음료 관련 표현**

으로 음료 주문하기

콜라
可乐
kělè

사이다
雪碧
xuěbì

오렌지주스
橙汁
chéngzhī

환타
芬达
fēndá

탄산수
苏打水
sūdáshuǐ

레몬에이드
柠檬汽水
níngméngqìshuǐ

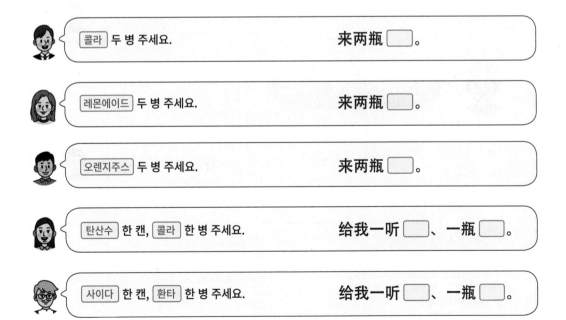

| 콜라 | 두 병 주세요. | 来两瓶 ☐。 |

| 레몬에이드 | 두 병 주세요. | 来两瓶 ☐。 |

| 오렌지주스 | 두 병 주세요. | 来两瓶 ☐。 |

| 탄산수 | 한 캔, | 콜라 | 한 병 주세요. | 给我一听 ☐、一瓶 ☐。 |

| 사이다 | 한 캔, | 환타 | 한 병 주세요. | 给我一听 ☐、一瓶 ☐。 |

# 실제 회화 술술 말해보기

대화를 보며 지훈이처럼 말해본 후, 음성을 들으며 중국인처럼 한 번 더 따라 말해 보세요. 마지막으로 본인이 하고 싶은 말을 내 맘대로 말해 보세요.

## 1 경장육사와 공깃밥 주문하고 레몬에이드도 주문하기

**지훈** : 경장육사 한 접시랑 공깃밥 두 공기 주세요.

**종업원** : 好的，有什么忌口的?

**지훈** : 고수는 넣지 말아 주세요. 이 정도면 둘이 먹기 충분한가요?

**종업원** : 可能够了，喝点什么?

**지훈** : 레몬에이드 두 병 주세요.

**종업원** : 好的，请稍等。

---

지훈: 要一盘京酱肉丝和两碗米饭。
종업원: 好的，有什么忌口的?
지훈: 不要放香菜。这些够两个人吃吗?
종업원: 可能够了，喝点什么?
지훈: 来两瓶柠檬汽水。
종업원: 好的，请稍等。

지훈: 경장육사 한 접시랑 공깃밥 두 공기 주세요.
종업원: 네, 가리는 음식 있나요?
지훈: 고수는 넣지 말아 주세요. 이 정도면 둘이 먹기 충분한가요?
종업원: 아마도 충분할 겁니다, 마실 거는요?
준영: 레몬에이드 두 병 주세요.
종업원: 네, 잠시 기다려 주세요.

## 2 마파두부와 탄탄면 주문하고 환타와 사이다 주문하기

지훈

마파두부 하나랑 탄탄면 하나 주세요.

好的，有什么忌口的?

종업원

지훈

고수는 넣지 말아 주세요.

好的，喝点什么?

종업원

지훈

환타 한 캔, 사이다 한 병 주세요.

好的，请稍等。

종업원

---

지훈: 给我一份麻婆豆腐和一份担担面。
종업원: 好的，有什么忌口的?
지훈: 不要放香菜。
종업원: 好的，喝点什么?
지훈: 给我一听芬达、一瓶雪碧。
종업원: 好的，请稍等。

지훈: 마파두부 하나랑 탄탄면 하나 주세요.
종업원: 네, 가리는 음식 있나요?
지훈: 고수는 넣지 말아 주세요.
종업원: 네, 마실 거는요?
지훈: 환타 한 캔, 사이다 한 병 주세요.
종업원: 네, 잠시 기다려 주세요.

# 역시 커피는 아.아

카페에서 커피 주문하기

🎧 상황별
회화 말하기

M E N U

중국 친구들은 여름에도 겨울에도 따뜻한 차를 마시지만 난 언제나 아이스아메리카노를 마신다. 그럼 어디 차도녀처럼 아이스아메리카노를 한번 주문해 볼까?

**您好，请问点什么？**
Nín hǎo, qǐngwèn diǎn shénme?
어서 오세요, 주문하시겠어요?
종업원

**来一杯中杯的冰美式。**
Lái yì bēi zhōng bēi de bīng měishì.
아이스아메리카노 레귤러 사이즈 한 잔 주세요.
수진

(1) 커피 주문하기

**好的，还需要别的吗？**
Hǎo de, hái xūyào bié de ma?
네, 또 다른 거 필요하신가요?
종업원

**对了，多放点儿冰块儿。**
Duìle, duō fàng diǎnr bīngkuàir.
맞다, 얼음 좀 많이 넣어 주세요.
수진

(2) 커피 주문 요구 사항 말하기

**好的，在这儿吃还是带走？**
Hǎo de, zài zhèr chī háishi dàizǒu?
네, 여기에서 드실 건가요 아니면 테이크아웃하실 건가요?
종업원

**带走，谢谢。**
Dàizǒu, xièxie.
테이크아웃이요, 감사합니다.
수진

Coffee

中杯 zhōng bēi 레귤러 사이즈
冰 bīng 아이스, 얼음
美式 měishì 아메리카노
需要 xūyào 필요하다
放 fàng 넣다
冰块儿 bīngkuàir 얼음
在 zài ~에서, ~에 있다 [부록 p.189]
还是 háishi 아니면 [부록 p.189]
带走 dàizǒu 테이크아웃하다,
가지고 가다

# 상황별 활용문장 익히기

각 세부 상황별로 활용할 수 있는 문장들을 처음 한 번은 또박또박 천천히 따라 읽고 그다음 두 번은 중국인처럼 큰 소리로 따라 말해 보세요.

## (1) 커피 주문하기

 아이스아메리카노 레귤러 사이즈 한 잔 주세요.
**来一杯中杯的冰美式。**
Lái yì bēi zhōng bēi de bīng měishì.

 아이스아메리카노 레귤러 사이즈 한 잔 주세요.
**给我一杯中杯的冰美式。**
Gěi wǒ yì bēi zhōng bēi de bīng měishì.

> TIP! 美式은 美式咖啡 (měishì kāfēi, 아메리카노)의 줄말이에요.

 아이스아메리카노 레귤러 사이즈 한 잔 주세요.
**要一杯中杯的冰美式。**
Yào yì bēi zhōng bēi de bīng měishì.

## (2) 커피 주문 요구 사항 말하기

 얼음 좀 많이 넣어 주세요.
**多放点儿冰块儿。**
Duō fàng diǎnr bīngkuàir.

 얼음은 넣지 마세요.
**不要放冰块儿。**
Búyào fàng bīngkuàir.

> TIP! "去冰一下。(Qù bīng yíxià, 얼음 빼주세요)"라고도 할 수 있어요.

 샷 하나 추가해 주세요.
**帮我加一份浓缩。**
Bāng wǒ jiā yí fèn nóngsuō.

---

단어

**中杯** zhōng bēi 레귤러 사이즈 **冰** bīng 아이스, 얼음 **美式** měishì 아메리카노 **放** fàng 넣다 **冰块儿** bīngkuàir 얼음 **不要** búyào ~하지 마라
**帮我** bāng wǒ ~해 주세요 **加** jiā 추가하다, 더하다 **份** fèn 인분(음식점에서 제공하는 음식물의 양을 셀 때 쓰는 단위)
**浓缩** nóngsuō (커피) 샷, 농축하다

# 단어 쏙!

## 상황별 단어 활용해서 말해보기

각 상황별로 활용할 수 있는 단어를 따라 읽으며 익힌 후, 음성을 들으며 활용문장을 보고 중국인처럼 큰 소리로 따라 말해 보세요. 그리고 스스로 단어를 조합해 더 많은 활용문장을 큰 소리로 말해 보세요.

**커피 주문 표현**
으로 커피 주문하기

아이스/차갑다
冰
bīng

핫/뜨겁다
热
rè

아메리카노
美式
měishì

라떼
拿铁
nátiě

모카
摩卡
mókǎ

카푸치노
卡布奇诺
kǎbùqínuò

에스프레소
浓缩咖啡
nóngsuō kāfēi

스몰 사이즈
小杯
xiǎo bēi

레귤러 사이즈
中杯
zhōng bēi

라지 사이즈
大杯
dà bēi

벤티 사이즈
特大杯
tè dà bēi

[뜨거운] [에스프레소] [벤티 사이즈] 한 잔 주세요.　来一杯 ☐ 的 ☐ ☐。

[아이스] [카푸치노] [레귤러 사이즈] 한 잔 주세요.　来一杯 ☐ 的 ☐ ☐。

[뜨거운] [라떼] [라지 사이즈] 한 잔 주세요.　给我一杯 ☐ 的 ☐ ☐。

[아이스] [아메리카노] [벤티 사이즈] 한 잔 주세요.　给我一杯 ☐ 的 ☐ ☐。

[아이스] [모카] [스몰 사이즈] 한 잔 주세요.　要一杯 ☐ 的 ☐ ☐。

### 주문 옵션 표현

으로 커피 주문 요구 사항 말하기

얼음
**冰块儿**
bīngkuàir

휘핑크림
**奶油**
nǎiyóu

시럽
**糖/糖浆**
táng/tángjiāng

우유
**牛奶**
niúnǎi

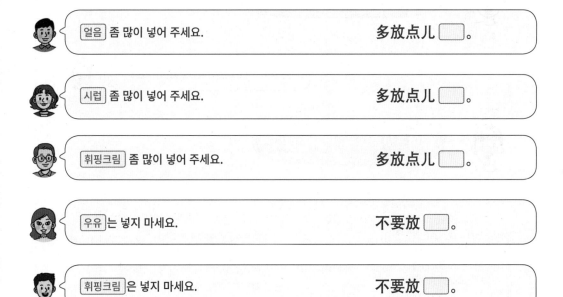

얼음 좀 많이 넣어 주세요. | **多放点儿** [　]。

시럽 좀 많이 넣어 주세요. | **多放点儿** [　]。

휘핑크림 좀 많이 넣어 주세요. | **多放点儿** [　]。

우유 는 넣지 마세요. | **不要放** [　]。

휘핑크림 은 넣지 마세요. | **不要放** [　]。

# 실제 회화 술술 말해보기

대화를 보며 수진이처럼 말해본 후, 음성을 들으며 중국인처럼 한 번 더 따라 말해 보세요. 마지막으로 본인이 하고 싶은 말을 내 맘대로 말해 보세요.

## 1 아이스카푸치노 라지 사이즈 주문 후 우유 많이 넣어 달라고 말하기

您好，请问点什么？

 종업원

 수진

아이스카푸치노 라지 사이즈 한 잔 주세요.

好的，还需要别的吗？

 종업원

 수진

맞다, 우유 좀 많이 넣어 주세요.

好的，在这儿吃还是带走？

 종업원

 수진

테이크아웃이요, 감사합니다.

 수진

---

종업원: 您好，请问点什么？
수진: 要一杯大杯的冰卡布奇诺。
종업원: 好的，还需要别的吗？
수진: 对了，多放点儿牛奶。
종업원: 好的，在这儿吃还是带走？
수진: 带走，谢谢。

종업원: 어서 오세요, 주문하시겠어요?
수진: 아이스카푸치노 라지 사이즈 한 잔 주세요.
종업원: 네, 또 다른 거 필요하신가요?
수진: 맞다, 우유 좀 많이 넣어 주세요.
종업원: 네, 여기에서 드실 건가요 아니면 테이크아웃하실 건가요?
수진: 테이크아웃이요, 감사합니다.

## 2 뜨거운 모카 스몰 사이즈 주문 후 휘핑크림 넣지 말라고 말하기

您好，请问点什么?

종업원

뜨거운 모카 스몰 사이즈 한 잔 주세요.

수진

好的，还需要别的吗?

종업원

맞다, 휘핑크림은 넣지 마세요.

수진

好的，在这儿吃还是带走?

종업원

여기서 먹을게요.

수진

---

종업원: 您好，请问点什么?
수진: 给我一杯小杯的热摩卡。
종업원: 好的，还需要别的吗?
수진: 对了，不要放奶油。
종업원: 好的，在这儿吃还是带走?
수진: 在这儿吃。

종업원: 어서 오세요, 주문하시겠어요?
수진: 뜨거운 모카 스몰 사이즈 한 잔 주세요.
종업원: 네, 또 다른 거 필요하신가요?
수진: 맞다, 휘핑크림은 넣지 마세요.
종업원: 네, 여기에서 드실 건가요 아니면 테이크아웃하실
　　　　건가요?
수진: 여기서 먹을게요.

# 사과 진짜 맛있겠다

시장에서 과일, 채소 사기

🎧 상황별
회화 말하기

중국에서는 과일, 채소, 고기를 모두 근(斤, jīn) 단위로 판매한다. 한 근에 500g인데 아직 단위 계산이 익숙하지가 않다. 그래도 가격 흥정은 조금 익숙해졌다! 오~ 오늘 사과가 신선해 보이는데 한번 사 볼까?

수진
**叔叔, 苹果怎么卖?**
Shūshu, píngguǒ zěnme mài?
아저씨, 사과 어떻게 팔아요?

(1) 과일 가격 물어보기

사장님
**一斤五块。**
Yì jīn wǔ kuài.
한 근에 5위안이요.

수진
**茄子多少钱?**
Qiézi duōshao qián?
가지는 얼마예요?

사장님
**六块。**
Liù kuài.
6위안이요.

수진
**茄子有点儿贵, 便宜点儿, 五块二吧。**
Qiézi yǒudiǎnr guì, piányi diǎnr, wǔ kuài èr ba.
가지가 조금 비싸네요, 좀 싸게 해 주세요, 5.2위안으로요.

(2) 채소 가격 흥정하기

사장님
**哈哈, 好的。还需要别的吗?**
Hāhā, hǎo de. Hái xūyào bié de ma?
하하, 그래요. 또 다른 거 필요하세요?

수진
**不用了, 别的我都买到了。**
Búyòng le, bié de wǒ dōu mǎidàole.
괜찮아요, 다른 건 다 샀어요.

叔叔 shūshu 아저씨, 삼촌
苹果 píngguǒ 사과
斤 jīn 근(무게의 단위)
茄子 qiézi 가지
块 kuài 위안(중국의 화폐 단위)
有点儿 yǒudiǎnr 조금 [부록 p.190]
点儿 diǎnr 좀, 약간 [부록 p.190]
哈哈 hāhā 하하(웃는 소리)
别的 bié de 다른
不用了 búyòng le 괜찮아요, 됐어요
买到 mǎidào 다 사다
……到 ……dào ~을 해내다
(동작의 결과를 나타냄) [부록 p.190]

# 상황별 활용문장 익히기

각 세부 상황별로 활용할 수 있는 문장들을 처음 한 번은 또박또박 천천히 따라 읽고 그다음 두 번은 중국인처럼 큰 소리로 따라 말해 보세요.

## (1) 과일 가격 물어보기

사과 어떻게 팔아요?

**苹果怎么卖?**

Píngguǒ zěnme mài?

> TIP! 무게를 달아서 파는 과일이나 채소는 "多少钱?"보다 "怎么卖?"를 더 자주 사용해요.

사과 얼마예요?

**苹果多少钱?**

Píngguǒ duōshao qián?

## (2) 채소 가격 흥정하기

가지가 조금 비싸네요, 좀 싸게 해 주세요.

**茄子有点儿贵, 便宜点儿。**

Qiézi yǒudiǎnr guì, piányi diǎnr.

가지가 이렇게 비싸요? 좀 싸게 해 주세요.

**茄子这么贵? 便宜点儿。**

Qiézi zhème guì? Piányi diǎnr.

가지가 너무 비싼데, 좀 싸게 해 주세요.

**茄子太贵了, 便宜点儿。**

Qiézi tài guì le, piányi diǎnr.

단어
苹果 píngguǒ 사과　茄子 qiézi 가지　有点儿 yǒudiǎnr 조금　点儿 diǎnr 좀, 약간　这么 zhème 이렇게　太……了 tài……le 너무 ~하다

# 상황별 단어 활용해서 말해보기

각 상황별로 활용할 수 있는 단어를 따라 읽으며 익힌 후, 음성을 들으며 활용문장을 보고 중국인처럼 큰 소리로 따라 말해 보세요. 그리고 스스로 단어를 조합해 더 많은 활용문장을 큰 소리로 말해 보세요.

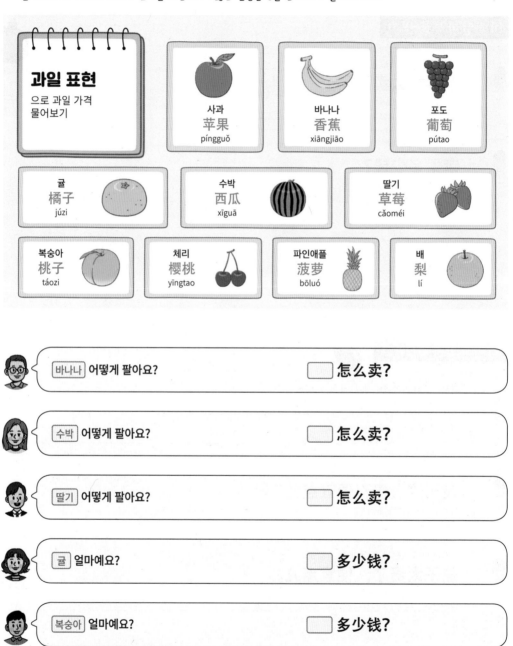

## 과일 표현

으로 과일 가격 물어보기

사과
苹果
píngguǒ

바나나
香蕉
xiāngjiāo

포도
葡萄
pútao

귤
橘子
júzi

수박
西瓜
xīguā

딸기
草莓
cǎoméi

복숭아
桃子
táozi

체리
樱桃
yīngtao

파인애플
菠萝
bōluó

배
梨
lí

---

바나나 어떻게 팔아요? ☐ 怎么卖?

수박 어떻게 팔아요? ☐ 怎么卖?

딸기 어떻게 팔아요? ☐ 怎么卖?

귤 얼마예요? ☐ 多少钱?

복숭아 얼마예요? ☐ 多少钱?

## 채소 표현

으로 채소 가격 흥정하기

| 가지<br>茄子<br>qiézi | 마늘<br>大蒜<br>dàsuàn |
| --- | --- |

| 당근<br>胡萝卜<br>húluóbo | 오이<br>黄瓜<br>huángguā | 피망<br>青椒<br>qīngjiāo |
| --- | --- | --- |

| 양파<br>洋葱<br>yángcōng | 감자<br>土豆<br>tǔdòu | 고구마<br>红薯<br>hóngshǔ |
| --- | --- | --- |

[양파] 가 조금 비싸네요, 좀 싸게 해 주세요.　　有点儿贵, 便宜点儿。

[피망] 이 조금 비싸네요, 좀 싸게 해 주세요.　　有点儿贵, 便宜点儿。

[감자] 가 이렇게 비싸요? 좀 싸게 해 주세요.　　这么贵? 便宜点儿。

[고구마] 가 이렇게 비싸요? 좀 싸게 해 주세요.　　这么贵? 便宜点儿。

[당근] 이 너무 비싼데, 좀 싸게 해 주세요.　　太贵了, 便宜点儿。

# 실제 회화 술술 말해보기

대화를 보며 수진이처럼 말해본 후, 음성을 들으며 중국인처럼 한 번 더 따라 말해 보세요. 마지막으로 본인이 하고 싶은 말을 내 맘대로 말해 보세요.

## 1 바나나 가격 물어보고 당근 가격 흥정하기

수진

아저씨, 바나나 어떻게 팔아요?

사장님

一斤五块二。

수진

당근은 얼마예요?

사장님

六块。

수진

당근이 너무 비싼데, 좀 싸게 해 주세요.

사장님

哈哈，好的。

---

수진: 叔叔，香蕉怎么卖？
사장님: 一斤五块二。
수진: 胡萝卜多少钱？
사장님: 六块。
수진: 胡萝卜太贵了，便宜点儿。
사장님: 哈哈，好的。

수진: 아저씨, 바나나 어떻게 팔아요?
사장님: 한 근에 5.2위안이요.
수진: 당근은 얼마예요?
사장님: 6위안이요.
수진: 당근이 너무 비싼데, 좀 싸게 해 주세요.
사장님: 하하, 그래요.

수진

아저씨, 오이 어떻게 팔아요?

사장님

一斤七块。

수진

오이가 이렇게 비싸요? 좀 싸게 해 주세요, 6.2위안으로요.

사장님

哈哈，好的。还需要别的吗？

수진

괜찮아요, 다른 건 다 샀어요.

---

수진: 叔叔，黄瓜怎么卖？

사장님: 一斤七块。

수진: 黄瓜这么贵？便宜点儿，六块二吧。

사장님: 哈哈，好的。还需要别的吗？

수진: 不用了，别的我都买到了。

수진: 아저씨, 오이 어떻게 팔아요?

사장님: 한 근에 7위안이요.

수진: 오이가 이렇게 비싸요? 좀 싸게 해 주세요, 6.2위안으로요.

사장님: 하하, 그래요. 또 다른 거 필요하세요?

수진: 괜찮아요, 다른 건 다 샀어요.

# 오늘 미세 먼지 최악!

날씨에 대해 얘기하기

🎧 상황별
회화 말하기

어제 분명 일기 예보에서 오늘 날씨가 맑다고 했었던 것 같은데, 왜 초미세 먼지는 어제보다 더 심한 것 같지? 지훈이한테 한번 물어봐야겠다.

 你看天气预报了没有?
Nǐ kàn tiānqì yùbào le méiyǒu?
너 일기 예보 봤어?

 当然看了, 天气预报说今天天晴。
Dāngrán kànle, tiānqì yùbào shuō jīntiān tiān qíng.
당연히 봤지, 일기 예보에서 오늘 날이 맑다고 했어.

→ (1) 일기 예보 알려 주기

 但今天雾霾非常严重。 我觉得比昨天更严重。
Dàn jīntiān wùmái fēicháng yánzhòng. Wǒ juéde bǐ zuótiān gèng yánzhòng.
근데 오늘 미세 먼지 진짜 심각해. 내 생각엔 어제보다 더 심해.

→ (2) 대기 오염 상황 말하기

 哎哟, 天气预报又错了。
Āiyō, tiānqì yùbào yòu cuò le.
아이고, 일기 예보 또 틀렸네.

 有时也会这样。 既然天气不好, 那我就不出门了。
Yǒushí yě huì zhèyàng. Jìrán tiānqì bù hǎo, nà wǒ jiù bù chūmén le.
이따금 이럴 수도 있지. 날씨가 안 좋으니, 난 외출하지 않으려고.

 虽然天气不好, 但我要按计划去操场踢球。
Suīrán tiānqì bù hǎo, dàn wǒ yào àn jìhuà qù cāochǎng tī qiú.
비록 날씨가 나쁘지만, 난 계획대로 운동장에 가서 축구를 해야겠어.

天气预报 tiānqì yùbào 일기 예보
晴 qíng 맑다
雾霾 wùmái 미세 먼지, 스모그
比······ bǐ······ ~보다 [부록 p.191]
严重 yánzhòng 심각하다
哎哟 āiyō 아이고(놀람, 아쉬움, 고통 등을 나타냄)
有时 yǒushí 이따금, 때로는
这样 zhèyàng 이러하다
既然······就······ jìrán······jiù······
(이미) ~했으니, ~하다 [부록 p.191]
天气 tiānqì 날씨
出门 chūmén 외출하다
虽然······, 但······ suīrán······,
dàn······ 비록 ~, 하지만 ~
按 àn ~대로, ~에 따라
计划 jìhuà 계획
操场 cāochǎng 운동장
踢球 tī qiú 축구하다, 공을 차다

# 상황별 활용문장 익히기

각 세부 상황별로 활용할 수 있는 문장들을 처음 한 번은 또박또박 천천히 따라 읽고 그다음 두 번은 중국인처럼 큰 소리로 따라 말해 보세요.

## (1) 일기 예보 알려 주기

일기 예보에서 오늘 날이 맑다고 했어.
**天气预报说今天天晴。**
Tiānqì yùbào shuō jīntiān tiān qíng.

뉴스에서 오늘 날이 맑대.
**新闻里说今天天晴。**
Xīnwén li shuō jīntiān tiān qíng.

TIP! 新闻은 대체로 TV 뉴스를 말한답니다.

신문에 오늘 날이 맑다고 쓰여 있었어.
**报纸上写着今天天晴。**
Bàozhǐ shang xiězhe jīntiān tiān qíng.

## (2) 대기 오염 상황 말하기

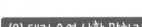

오늘 미세 먼지 진짜 심각해.
**今天雾霾非常严重。**
Jīntiān wùmái fēicháng yánzhòng.

오늘 또 미세 먼지 있어.
**今天又有雾霾。**
Jīntiān yòu yǒu wùmái.

TIP! 중국에서 미세 먼지를 雾霾라고도 말하지만, pm2.5(细颗粒物, xìkēlìwù)라고도 말한답니다. 또한 雾霾는 '스모그'라는 뜻도 있답니다.

오늘 미세 먼지는 측정이 불가해.
**今天雾霾爆表了。**
Jīntiān wùmái bào biǎo le.

TIP! 중국에서 爆는 '폭발하다'라는 의미이고, 表는 '계량기'를 의미합니다. 따라서 "계량기가 폭발했다"라는 말은 측정 기준을 넘어섰다는 말입니다.

---

단어

天气预报 tiānqì yùbào 일기 예보　新闻 xīnwén 뉴스　报纸 bàozhǐ 신문　雾霾 wùmái 미세 먼지, 스모그　严重 yánzhòng 심각하다
爆表 bào biǎo 측정이 불가하다, 기록을 깨뜨리다

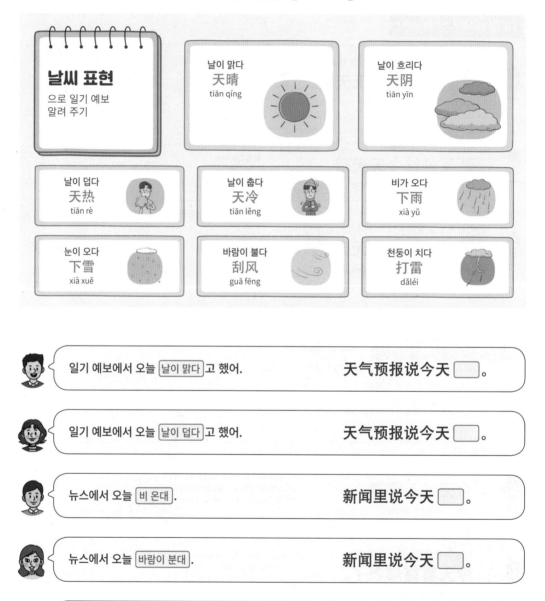

## 상황별 **단어** 활용해서 말해보기

각 상황별로 활용할 수 있는 단어를 따라 읽으며 익힌 후, 음성을 들으며 활용문장을 보고 중국인처럼 큰 소리로 따라 말해 보세요. 그리고 스스로 단어를 조합해 더 많은 활용문장을 큰 소리로 말해 보세요.

**날씨 표현**

으로 일기 예보 알려 주기

날이 맑다
天晴
tiān qíng

날이 흐리다
天阴
tiān yīn

날이 덥다
天热
tiān rè

날이 춥다
天冷
tiān lěng

비가 오다
下雨
xià yǔ

눈이 오다
下雪
xià xuě

바람이 불다
刮风
guā fēng

천둥이 치다
打雷
dǎléi

일기 예보에서 오늘 날이 맑다 고 했어.

天气预报说今天 □ 。

일기 예보에서 오늘 날이 덥다 고 했어.

天气预报说今天 □ 。

뉴스에서 오늘 비 온대 .

新闻里说今天 □ 。

뉴스에서 오늘 바람이 분대 .

新闻里说今天 □ 。

신문에 오늘 천둥이 친다 고 쓰여 있었어.

报纸上写着今天 □ 。

**대기 오염 표현**

으로 대기 오염 상황 말하기

미세 먼지/스모그
**雾霾**
wùmái

황사
**沙尘暴**
shāchénbào

오존 오염
**臭氧污染**
chòuyǎng wūrǎn

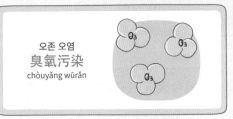

산성비
**酸雨**
suānyǔ

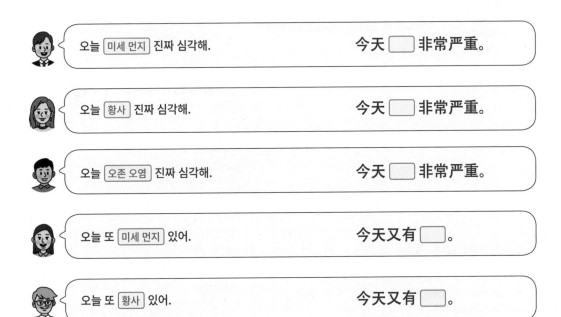

오늘 미세 먼지 진짜 심각해.　　　　　今天 ◻ 非常严重。

오늘 황사 진짜 심각해.　　　　　今天 ◻ 非常严重。

오늘 오존 오염 진짜 심각해.　　　　　今天 ◻ 非常严重。

오늘 또 미세 먼지 있어.　　　　　今天又有 ◻。

오늘 또 황사 있어.　　　　　今天又有 ◻。

# 실제 회화 술술 말해보기

대화를 보며 지훈이 또는 수진이처럼 말해본 후, 음성을 들으며 중국인처럼 한 번 더 따라 말해 보세요. 마지막으로 본인이 하고 싶은 말을 내 맘대로 말해 보세요.

## 1 오늘 비 온다고 했는데 일기 예보가 틀렸다고 말하기

你看天气预报了没有?  수진

 지훈 당연히 봤지, 신문에 오늘 비가 온다고 쓰여 있었어.

但今天天气非常好。  수진

 지훈 아이고, 일기 예보 또 틀렸네.

有时也会这样。  수진

---

수진: 你看天气预报了没有?
지훈: 当然看了，报纸上写着今天下雨。
수진: 但今天天气非常好。
지훈: 哎哟，天气预报又错了。
수진: 有时也会这样。

수진: 너 일기 예보 봤어?
지훈: 당연히 봤지, 신문에 오늘 비가 온다고 쓰여 있었어.
수진: 근데 오늘 날씨 진짜 좋아.
지훈: 아이고, 일기 예보 또 틀렸네.
수진: 이따금 이럴 수도 있지.

수진

너 일기 예보 봤어?

지훈

当然看了，新闻里说今天天晴。

수진

근데 오늘 황사 진짜 심각해.

지훈

哎哟，天气预报又错了。

수진

날씨가 안 좋으니, 난 외출하지 않으려고.

지훈

虽然天气不好，但我要按计划去操场踢球。

수진: 你看天气预报了没有？
지훈: 当然看了，新闻里说今天天晴。
수진: 但今天沙尘暴非常严重。
지훈: 哎哟，天气预报又错了。
수진: 既然天气不好，那我就不出门了。
지훈: 虽然天气不好，但我要按计划去操场踢球。

수진: 너 일기 예보 봤어?
지훈: 당연히 봤지, 뉴스에서 오늘 날이 맑대.
수진: 근데 오늘 황사 진짜 심각해.
지훈: 아이고, 일기 예보 또 틀렸네.
수진: 날씨가 안 좋으니, 난 외출하지 않으려고.
지훈: 비록 날씨가 나쁘지만, 난 계획대로 운동장에 가서 축구를
　　　해야겠어.

# 오늘은 뭐 시켜 먹을까?

배달 음식 시켜 먹기

🎧 상황별
회화 말하기

 중국에서는 다양한 음식은 물론 음료 한 잔까지도 배달해 주니, 중국도 한국 못지않은 배달의 민족인 것 같다. 마침 배도 출출한데 준영이랑 음식 시켜 먹어야겠다.

---

 **지훈**

肚子有点儿饿，**我们点炸鸡吃吧。**

Dùzi yǒudiǎnr è, wǒmen diǎn zhájī chī ba.

배가 조금 출출한데, 우리 치킨 시켜 먹자.

(1) 배달 메뉴 제안하기

 **준영**

不，我想吃比萨，我们点比萨吃吧。

Bù, wǒ xiǎng chī bǐsà, wǒmen diǎn bǐsà chī ba.

싫어, 나 피자 먹고 싶은데, 우리 피자 시켜 먹자.

 **지훈**

好，今天只有必胜客，才有优惠活动，我来点吧？

Hǎo, jīntiān zhǐyǒu Bìshèngkè, cái yǒu yōuhuì huódòng, wǒ lái diǎn ba?

그래, 오늘 피자헛만, 할인 이벤트 있는데, 내가 시킨다?

(电话)

(Diànhuà)

(전화)

 **지훈**

你好，这儿是北京市海淀区成府路海淀公寓

Nǐ hǎo, zhèr shì Běijīng shì Hǎidiàn qū Chéngfǔ lù Hǎidiàn gōngyù

안녕하세요, 여기 베이징시 하이뎬구 청푸로 하이옌 아파트

3楼2708号。我要一张12寸的什锦比萨。

sān lóu èr qī líng bā hào. Wǒ yào yì zhāng shí'èr cùn de shíjǐn bǐsà.

3동 2708호인데요. 콤비네이션 피자 12촌(라지 사이즈) 하나요.

 **지현**

点小吃吗？

Diǎn xiǎochī ma?

사이드 메뉴 주문하시겠어요?

 **지훈**

嗯，**加一下薯条和可乐。**

Ng, jiā yíxià shǔtiáo hé kělè.

네, 감자튀김이랑 콜라 좀 추가해 주세요.

(2) 사이드 메뉴 추가 주문하기

 **지현**

好的，大概需要30分钟。

Hǎo de, dàgài xūyào sānshí fēnzhōng.

네, 약 30분 정도 걸려요.

 **지훈**

还要一份辣椒酱！谢谢。

Hái yào yí fèn làjiāojiàng! Xièxie.

핫소스도 하나 주세요! 감사합니다.

---

**[단어]**

肚子 dùzi 배
点 diǎn 시키다, 주문하다
炸鸡 zhájī 치킨
比萨 bǐsà 피자
只有……，才…… zhǐyǒu……,
cái…… 오직 ~만, 비로소 ~하다
[부록 p.192]
必胜客 Bìshèngkè 피자헛
优惠活动 yōuhuì huódòng
할인 이벤트
市 shì (행정 구획 단위) 시
区 qū (행정 구획 단위) 구
路 lù (행정 구획 단위) 로, 도로
公寓 gōngyù 아파트
楼 lóu 동

号 hào 호
寸 cùn 촌, 치(길이의 단위)
什锦比萨 shíjǐn bǐsà 콤비네이션
피자
小吃 xiǎochī 사이드 메뉴,
간단한 음식, 스낵
嗯 ng (대답) 네
……一下 ……yíxià ~좀 해 보다
[부록 p.192]
薯条 shǔtiáo 감자튀김
可乐 kělè 콜라
大概 dàgài 약, 대개
辣椒酱 làjiāojiàng 핫소스

# 입에 착!
# 상황별 활용문장 익히기

각 세부 상황별로 활용할 수 있는 문장들을 처음 한 번은 또박또박 천천히 따라 읽고 그다음 두 번은 중국인처럼 큰 소리로 따라 말해 보세요.

## (1) 배달 메뉴 제안하기

우리 치킨 시켜 먹자.
## 我们点炸鸡吃吧。
Wǒmen diǎn zhájī chī ba.

TIP! 중국에서는 '피자'를 比萨(bǐsà)라 하기도 하고 披萨(pīsà)라고도 해요. 이는 영어 'pizza'를 음역해서 그렇답니다.

우리 치킨 시켜 먹는 거 어때?
## 咱们点炸鸡吃怎么样?
Zánmen diǎn zhájī chī zěnmeyàng?

오늘 배달 시키자, 치킨 어때?
## 今天叫外卖吧, 炸鸡怎么样?
Jīntiān jiào wàimài ba, zhájī zěnmeyàng?

## (2) 사이드 메뉴 추가 주문하기

감자튀김이랑 콜라 좀 추가해 주세요.
## 加一下薯条和可乐。
Jiā yíxià shǔtiáo hé kělè.

감자튀김 두 개랑 콜라 한 캔 주세요.
## 要两份薯条和一听可乐。
Yào liǎng fèn shǔtiáo hé yì tīng kělè.

감자튀김 큰 거랑 콜라 두 캔 주세요.
## 给我大份薯条和两听可乐。
Gěi wǒ dà fèn shǔtiáo hé liǎng tīng kělè.

단어

点 diǎn 시키다, 주문하다  外卖 wàimài 배달 음식  ······一下 ······yíxià ~ 좀 해 보다  薯条 shǔtiáo 감자튀김  可乐 kělè 콜라  炸鸡 zhájī 치킨
听 tīng 캔(캔을 세는 단위)

# 상황별 단어 활용해서 말해보기

각 상황별로 활용할 수 있는 단어를 따라 읽으며 익힌 후, 음성을 들으며 활용문장을 보고 중국인처럼 큰 소리로 따라 말해 보세요. 그리고 스스로 단어를 조합해 더 많은 활용문장을 큰 소리로 말해 보세요.

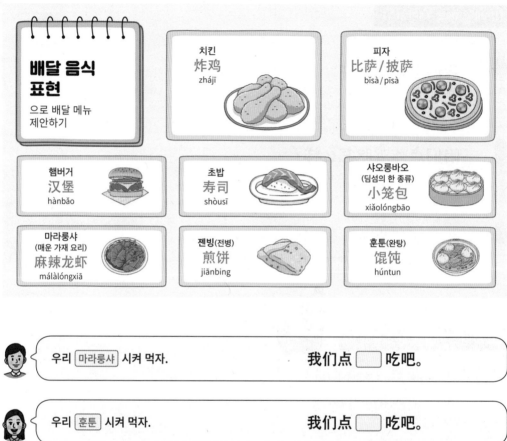

**배달 음식 표현**
으로 배달 메뉴 제안하기

치킨
炸鸡
zhájī

피자
比萨 / 披萨
bǐsà / pīsà

햄버거
汉堡
hànbǎo

초밥
寿司
shòusī

샤오룽바오
(딤섬의 한 종류)
小笼包
xiǎolóngbāo

마라룽샤
(매운 가재 요리)
麻辣龙虾
málàlóngxiā

젠빙(전병)
煎饼
jiānbing

훈툰(완탕)
馄饨
húntun

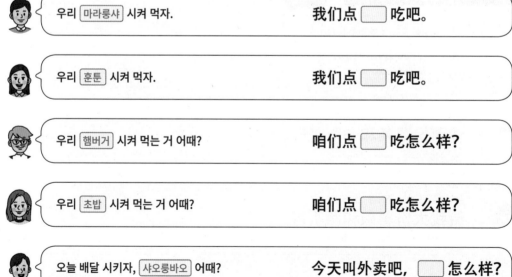

우리 [마라룽샤] 시켜 먹자.　　　　　　我们点 ☐ 吃吧。

우리 [훈툰] 시켜 먹자.　　　　　　　我们点 ☐ 吃吧。

우리 [햄버거] 시켜 먹는 거 어때?　　　咱们点 ☐ 吃怎么样？

우리 [초밥] 시켜 먹는 거 어때?　　　　咱们点 ☐ 吃怎么样？

오늘 배달 시키자, [샤오룽바오] 어때?　　今天叫外卖吧，☐ 怎么样？

## 사이드 메뉴 표현

으로 사이드 메뉴 추가 주문하기

감자튀김
薯条
shǔtiáo

치즈스틱
油炸芝士条
yóuzházhīshìtiáo

어니언링
炸洋葱圈
zháyángcōngquān

새우튀김
炸虾
zháxiā

버팔로윙
布法罗辣鸡翅
bùfǎluólàjīchì

콘샐러드
玉米沙拉
yùmǐshālā

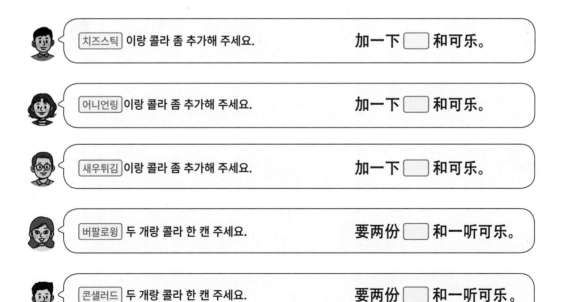

치즈스틱 이랑 콜라 좀 추가해 주세요.　　加一下 ☐ 和可乐。

어니언링 이랑 콜라 좀 추가해 주세요.　　加一下 ☐ 和可乐。

새우튀김 이랑 콜라 좀 추가해 주세요.　　加一下 ☐ 和可乐。

버팔로윙 두 개랑 콜라 한 캔 주세요.　　要两份 ☐ 和一听可乐。

콘샐러드 두 개랑 콜라 한 캔 주세요.　　要两份 ☐ 和一听可乐。

# 실제 회화 술술 말해보기

대화를 보며 지훈이처럼 말해본 후, 음성을 들으며 중국인처럼 한 번 더 따라 말해 보세요. 마지막으로 본인이 하고 싶은 말을 내 맘대로 말해 보세요.

## 1 훈툰 시키려다 피자 주문하기

지훈

> 배가 조금 출출한데, 우리 훈툰 시켜 먹는 거 어때?

> 不，我想吃比萨，我们点比萨吃吧。

준영

지훈

> 그래, 오늘 피자헛만, 할인 이벤트 있는데, 내가 시킨다?

> 好的。

준영

---

지훈: 肚子有点儿饿，咱们点馄饨吃怎么样？
준영: 不，我想吃比萨，我们点比萨吃吧。
지훈: 好，今天只有必胜客，才有优惠活动，我来点吧？
준영: 好的。

지훈: 배가 조금 출출한데, 우리 훈툰 시켜 먹는 거 어때?
준영: 싫어, 나 피자 먹고 싶은데, 우리 피자 시켜 먹자.
지훈: 그래, 오늘 피자헛만, 할인 이벤트 있는데, 내가 시킨다?
준영: 응.

## 2  콤비네이션 피자, 치즈스틱과 콜라 주문한 뒤, 핫소스 추가하기

지훈

> 안녕하세요, 콤비네이션 피자 하나요.

> 点小吃吗?

직원

지훈

> 네, 치즈스틱 두 개랑 콜라 한 캔 주세요.

> 好的，大概需要30分钟。

직원

지훈

> 핫소스도 하나 주세요! 감사합니다.

---

지훈: 你好，我要一张什锦比萨。
직원: 点小吃吗?
지훈: 嗯，要两份油炸芝士条和一听可乐。
직원: 好的，大概需要30分钟。
지훈: 还要一份辣椒酱！谢谢。

지훈: 안녕하세요, 콤비네이션 피자 하나요.
직원: 사이드 메뉴 주문하시겠어요?
지훈: 네, 치즈스틱 두 개랑 콜라 한 캔 주세요.
직원: 네, 약 30분 정도 걸려요.
지훈: 핫소스도 하나 주세요! 감사합니다.

# 괜찮은 신발 찾기 힘들다

신발 구매하기

상황별
회화 말하기

 운동화를 새로 살 때가 됐는데, 지훈이한테 같이 쇼핑가자고 해야겠다. 디자인도 마음에 들고 가격도 적당한 운동화가 있어야 할 텐데…… 살 수 있겠지?

---

수진

**难得出来一趟，可是实在没什么想买的。**
Nándé chūlai yí tàng, kěshì shízài méi shénme xiǎng mǎi de.
모처럼 한번 나왔는데, 사고 싶은 게 정말 없네.

지훈

**这双运动鞋怎么样？ 看起来很适合你。** ──────── (1) 친구에게 신발 골라 주기
Zhè shuāng yùndòngxié zěnmeyàng? Kàn qǐlai hěn shìhé nǐ.
이 운동화 어때? 보아하니 너랑 잘 어울릴 것 같아.

수진

**不错是不错，但不知道有没有我的尺码，去问问。**
Búcuò shì búcuò, dàn bù zhīdào yǒu méiyǒu wǒ de chǐmǎ, qù wènwen.
괜찮긴 괜찮네, 근데 내 사이즈가 있는지 모르겠네, 가서 물어봐.

지훈

**你好，这双红色的有38码吗？** ──────── (2) 색상 문의하기
Nǐ hǎo, zhè shuāng hóngsè de yǒu sānshíbā mǎ ma?
저기요, 이 빨간 거 38 사이즈 있어요?

직원

**已经没了。38码的只剩黑色了，想试试吗？**
Yǐjīng méi le. Sānshíbā mǎ de zhǐ shèng hēisè le, xiǎng shìshi ma?
없어요. 38 사이즈는 검은색만 남았는데, 한번 신어 보시겠어요?

수진

**那更好！时尚之星必须穿黑色啊！**
Nà gèng hǎo! Shíshàng zhī xīng bìxū chuān hēisè a!
오히려 잘됐네! 패셔니스타는 무조건 블랙을 신지!

**正好价格这么实惠，还买一送一！你要不要？**
Zhènghǎo jiàgé zhème shíhuì, hái mǎi yī sòng yī! Nǐ yào bu yào?
마침 가격도 이렇게 실속있는 데다, 원 플러스 원이라니! 너도 살래?

지훈

**我不要。**
Wǒ bú yào.
난 필요 없어.

수진

**买嘛买嘛买嘛，不然你会后悔的！**
Mǎi ma mǎi ma mǎi ma, bùrán nǐ huì hòuhuǐ de!
사 사 사, 그렇지 않으면 너 후회한다!

难得 nándé 모처럼 ~하다
趟 tàng 번(왕래하는 횟수를 나타냄)
实在 shízài 정말
双 shuāng 켤레, 쌍(쌍이나 짝을 이룬 물건을 세는 단위)
运动鞋 yùndòngxié 운동화
看起来 kàn qǐlai 보아하니 ~한 것 같다 [부록 p.193]
适合 shìhé 어울리다, 알맞다
……是…… ……shì……
~이긴 ~이다 [부록 p.193]
不错 búcuò 괜찮다, 좋다
尺码 chǐmǎ 사이즈
红色 hóngsè 빨간색
码 mǎ 사이즈
剩 shèng 남다
黑色 hēisè 검은색
试 shì (어떤 일을) 시험 삼아 해보다
时尚之星 shíshàng zhī xīng 패셔니스타
正好 zhènghǎo 마침
价格 jiàgé 가격
实惠 shíhuì 실속이 있다
买一送一 mǎi yī sòng yī 원 플러스 원, 하나 사면 하나 증정하다
嘛 ma 권유, 기대 등을 나타냄
不然 bùrán 그렇지 않으면
后悔 hòuhuǐ 후회하다

## 입에 착! 상황별 활용문장 익히기

각 세부 상황별로 활용할 수 있는 문장들을 처음 한 번은 또박또박 천천히 따라 읽고 그다음 두 번은 중국인처럼 큰 소리로 따라 말해 보세요.

### (1) 친구에게 신발 골라 주기

이 운동화 어때?

**这双运动鞋怎么样?**
Zhè shuāng yùndòngxié zěnmeyàng?

이 신발 네 취향이다.

**这双运动鞋是你的菜。**
Zhè shuāng yùndòngxié shì nǐ de cài.

> TIP! 菜는 보통 '요리'라는 의미로 쓰이지만, 취향에 대해 말할 때도 쓸 수 있어요. 예를 들어, "他不是我的菜.(Tā bú shì wǒ de cài.)"라고 하면 "그는 내 취향이 아니야."라는 의미예요.

이 신발 탕웨이가 신었던 거야.

**这双鞋是汤唯穿过的。**
Zhè shuāng xié shì Tāng Wéi chuānguo de.

### (2) 색상 문의하기

이 빨간 거 38 사이즈 있어요?

**这双红色的有38码吗?**
Zhè shuāng hóngsè de yǒu sānshíbā mǎ ma?

> TIP! 중국 신발 사이즈는 한국 사이즈에서 50을 뺀 뒤 5로 나누면 돼요! 참고로, 38 사이즈는 한국 신발 사이즈 240 정도 랍니다.

38 사이즈 빨간 거 주실 수 있어요?

**可以给我一双38码红色的吗?**
Kěyǐ gěi wǒ yì shuāng sānshíbā mǎ hóngsè de ma?

38 사이즈 빨간 거 있어요?

**有没有38码红色的?**
Yǒu méiyǒu sānshíbā mǎ hóngsè de?

---

**단어**

双 shuāng 켤레, 쌍(쌍이나 짝을 이룬 물건을 세는 단위)  **运动鞋** yùndòngxié 운동화  **鞋** xié 신발  **汤唯** Tāng Wéi 탕웨이(중국의 영화배우)
**红色** hóngsè 빨간색  **码** mǎ 사이즈

# 상황별 단어 활용해서 말해보기

각 상황별로 활용할 수 있는 단어를 따라 읽으며 익힌 후, 음성을 들으며 활용문장을 보고 중국인처럼 큰 소리로 따라 말해 보세요. 그리고 스스로 단어를 조합해 더 많은 활용문장을 큰 소리로 말해 보세요.

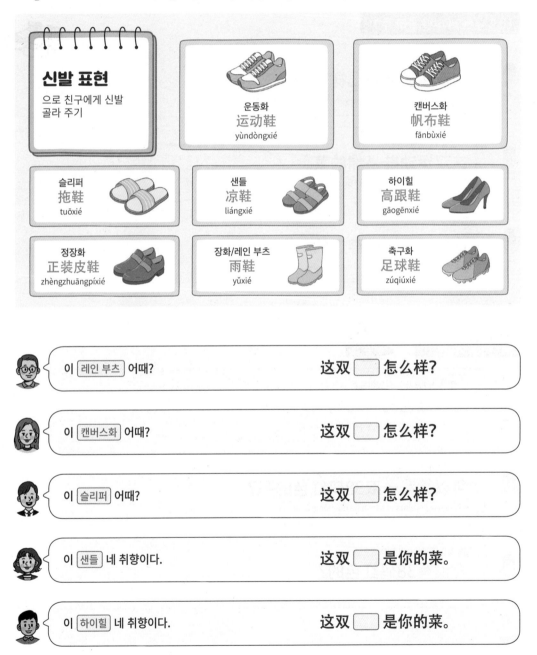

**신발 표현**

으로 친구에게 신발 골라 주기

운동화
运动鞋
yùndòngxié

캔버스화
帆布鞋
fānbùxié

슬리퍼
拖鞋
tuōxié

샌들
凉鞋
liángxié

하이힐
高跟鞋
gāogēnxié

정장화
正装皮鞋
zhèngzhuāngpíxié

장화/레인 부츠
雨鞋
yǔxié

축구화
足球鞋
zúqiúxié

이 [레인 부츠] 어때?　　　这双 ▢ 怎么样?

이 [캔버스화] 어때?　　　这双 ▢ 怎么样?

이 [슬리퍼] 어때?　　　这双 ▢ 怎么样?

이 [샌들] 네 취향이다.　　　这双 ▢ 是你的菜。

이 [하이힐] 네 취향이다.　　　这双 ▢ 是你的菜。

**색상 표현**

으로 색상
문의하기

빨간색
红色
hóngsè

파란색
蓝色
lánsè

초록색
绿色
lǜsè

검은색
黑色
hēisè

회색
灰色
huīsè

분홍색
粉红色
fěnhóngsè

흰색
白色
báisè

노란색
黄色
huángsè

이 노란 거 38 사이즈 있어요?　　　　这双 □ 的有38码吗?

이 빨간 거 38 사이즈 있어요?　　　　这双 □ 的有38码吗?

38 사이즈 흰 거 주실 수 있어요?　　　可以给我一双38码 □ 的吗?

38 사이즈 파란 거 주실 수 있어요?　　可以给我一双38码 □ 的吗?

38 사이즈 검은 거 있어요?　　　　　有没有38码 □ 的?

# 실제 회화 술술 말해보기

대화를 보며 지훈이처럼 말해본 후, 음성을 들으며 중국인처럼 한 번 더 따라 말해 보세요. 마지막으로 본인이 하고 싶은 말을 내 맘대로 말해 보세요.

## 1 친구에게 하이힐 골라 주고 직원에게 사이즈 문의하기

지훈

> 이 하이힐 어때?

> 不错是不错，但不知道有没有我的尺码，去问问。

수진

지훈

> 저기요, 37 사이즈 노란 거 있어요?

> 已经没了。

직원

| | |
|---|---|
| 지훈: 这双高跟鞋怎么样？ | 지훈: 이 하이힐 어때? |
| 수진: 不错是不错，但不知道有没有我的尺码，去问问。 | 수진: 괜찮긴 괜찮네, 근데 내 사이즈가 있는지 모르겠네, 가서 물어봐. |
| 지훈: 你好，有没有37码黄色的？ | 지훈: 저기요, 37 사이즈 노란 거 있어요? |
| 직원: 已经没了。 | 직원: 없어요. |

## 2 친구에게 샌들 골라 주고 직원에게 사이즈 문의하기

难得出来一趟，可是实在没什么想买的。

수진

지훈

이 샌들 네 취향이다.

不错是不错，但不知道有没有我的尺码，去问问。

수진

지훈

저기요, 39 사이즈 파란 거 주실 수 있어요?

已经没了。39码的只剩黑色了，想试试吗?

직원

那更好! 时尚之星必须穿黑色啊!

수진

---

수진: 难得出来一趟，可是实在没什么想买的。
지훈: 这双凉鞋是你的菜。
수진: 不错是不错，但不知道有没有我的尺码，去问问。
지훈: 你好，可以给我一双39码蓝色的吗?
직원: 已经没了。39码的只剩黑色了，想试试吗?
수진: 那更好! 时尚之星必须穿黑色啊!

수진: 모처럼 한번 나왔는데, 사고 싶은 게 정말 없네.
지훈: 이 샌들 네 취향이다.
수진: 괜찮긴 괜찮네, 근데 내 사이즈가 있는지 모르겠네,
　　　가서 물어봐.
지훈: 저기요, 39 사이즈 파란 거 주실 수 있어요?
직원: 없어요. 39 사이즈는 검은색만 남았는데,
　　　한번 신어 보시겠어요?
수진: 오히려 잘됐네! 패셔니스타는 무조건 블랙을 신지!

해커스 중국어회화 10분의 기적 상황별로 말하기

# 부어라! 마셔라!

동창회에서 친구들과 술 마시기

🎧 상황별
회화 말하기

중국에서 술을 마실 때는 역시 양꼬치 집만한 데가 없는 것 같다. 오랜만에 고등학교 친구들 볼 생각에 설레는데, 얘네들은 왜 이렇게 안 오는 거야?

**怎么才来啊?**
Zěnme cái lái a?
왜 이제야 왔어?

**哎哟，车堵得厉害，大家都到了吗?**
Āiyō, chē dǔ de lìhai, dàjiā dōu dàole ma?
아이고, 차 엄청나게 막혔어, 모두 다 왔어?

**看来看去就差班长还没到。**
Kànlai kànqu jiù chà bānzhǎng hái méi dào.
이리저리 둘러보니 반장이 아직 안 왔네.

**先坐，你最近过得怎么样?**
Xiān zuò, nǐ zuìjìn guò de zěnmeyàng?
우선 앉아, 너 요즘 어떻게 지냈어?

**还可以吧，你呢?**
Hái kěyǐ ba, nǐ ne?
그럭저럭 괜찮아, 너는?

**还是老样子，咱们边吃边聊。**
Háishi lǎo yàngzi, zánmen biān chī biān liáo.
늘 그렇지 뭐, 우리 먹으면서 얘기하자.

**啊，这里的羊肉串真好吃。**
À, zhèli de yángròuchuàn zhēn hǎochī.
아, 여기 양꼬치 진짜 맛있다.

**(1) 안주 맛있다고 칭찬하기**

**是吧? 这家真的好吃。我们再喝点酒吧。**
Shì ba? Zhè jiā zhēn de hǎochī. Wǒmen zài hē diǎn jiǔ ba.
그렇지? 이 집 정말 맛있어. 우리 술 좀 더 마시자.

**服务员! 再来两瓶啤酒。**
Fúwùyuán! Zài lái liǎng píng píjiǔ.
저기요! 맥주 두 병 더 주세요.

**(2) 술 추가 주문하기**

**酒来了，都倒满了吧? 一起干杯吧!**
Jiǔ láile, dōu dàomǎnle ba? Yìqǐ gānbēi ba!
술 왔다, 다 가득 따랐지? 우리 같이 건배하자!

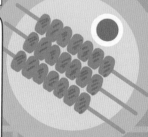

啊 a 문장 끝에 쓰여 감정을 풍부하게 전달함
哎哟 āiyō (놀람, 아쉬움, 고통) 아이고
堵 dǔ (차가) 막히다
厉害 lìhai 엄청나다
⋯⋯来⋯⋯去 ⋯⋯lái⋯⋯qù 이리저리 ~하다 [부록 p.194]
班长 bānzhǎng 반장
最近 zuìjìn 요즘
还是老样子 háishi lǎo yàngzi 늘 그렇지 뭐
边⋯⋯边⋯⋯ biān⋯⋯biān⋯⋯ ~하면서 ~하다 [부록 p.194]
聊 liáo 얘기하다
羊肉串 yángròuchuàn 양꼬치
倒满 dàomǎn 가득 따르다
干杯 gānbēi 건배하다, 잔을 비우다

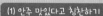

# 상황별 활용문장 익히기

각 세부 상황별로 활용할 수 있는 문장들을 처음 한 번은 또박또박 천천히 따라 읽고 그다음 두 번은 중국인처럼 큰 소리로 따라 말해 보세요.

## (1) 안주 맛있다고 칭찬하기

여기 양꼬치 진짜 맛있다.
**这里的羊肉串真好吃。**
Zhèlǐ de yángròuchuàn zhēn hǎochī.

> TIP! 음식이 맛있을 때, 棒(bàng, 훌륭하다)
> 이라는 단어도 자주 써요. 맛이 정말 훌륭할 때
> "味道真棒。(wèidào zhēn bàng.)"이라고
> 말해 보세요.

여기 양꼬치 내 입맛에 잘 맞네.
**这里的羊肉串很对我胃口。**
Zhèlǐ de yángròuchuàn hěn duì wǒ wèikǒu.

이 양꼬치 입에서 살살 녹네.
**这羊肉串入口即化。**
Zhè yángròuchuàn rùkǒujíhuà.

## (2) 술 추가 주문하기

맥주 두 병 더 주세요.
**再来两瓶啤酒。**
Zài lái liǎng píng píjiǔ.

맥주 두 병 더 추가해 주세요.
**请再给我加两瓶啤酒。**
Qǐng zài gěi wǒ jiā liǎng píng píjiǔ.

맥주 두 병이랑 고량주 한 병 더 주세요.
**再给我两瓶啤酒和一瓶白酒。**
Zài gěi wǒ liǎng píng píjiǔ hé yì píng báijiǔ.

---

단어 **羊肉串** yángròuchuàn 양꼬치  **对……胃口** duì……wèikǒu ~의 입맛에 맞다  **入口即化** rùkǒujíhuà 입에서 살살 녹다, 입에 들어가자마자 녹다
**啤酒** píjiǔ 맥주  **白酒** báijiǔ 고량주

# 단어 쏙! 상황별 단어 활용해서 말해보기

각 상황별로 활용할 수 있는 단어를 따라 읽으며 익힌 후, 음성을 들으며 활용문장을 보고 중국인처럼 큰 소리로 따라 말해 보세요. 그리고 스스로 단어를 조합해 더 많은 활용문장을 큰 소리로 말해 보세요.

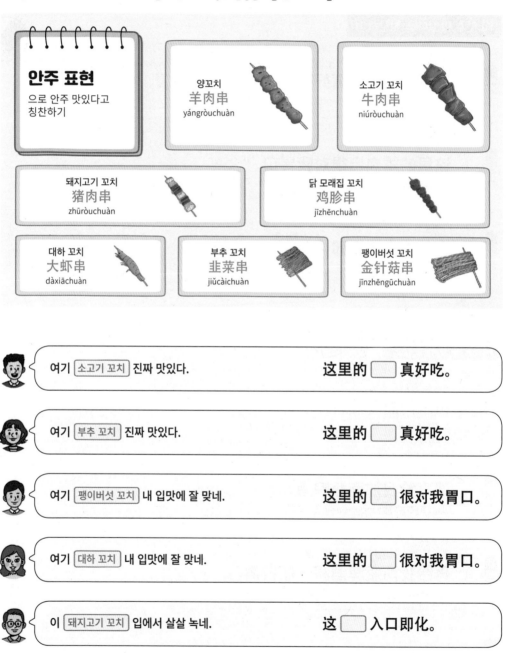

**안주 표현**
으로 안주 맛있다고
칭찬하기

양꼬치
羊肉串
yángròuchuàn

소고기 꼬치
牛肉串
niúròuchuàn

돼지고기 꼬치
猪肉串
zhūròuchuàn

닭 모래집 꼬치
鸡胗串
jīzhēnchuàn

대하 꼬치
大虾串
dàxiāchuàn

부추 꼬치
韭菜串
jiǔcàichuàn

팽이버섯 꼬치
金针菇串
jīnzhēngūchuàn

여기 [소고기 꼬치] 진짜 맛있다.　　　　这里的 ▢ 真好吃。

여기 [부추 꼬치] 진짜 맛있다.　　　　这里的 ▢ 真好吃。

여기 [팽이버섯 꼬치] 내 입맛에 잘 맞네.　　　这里的 ▢ 很对我胃口。

여기 [대하 꼬치] 내 입맛에 잘 맞네.　　　这里的 ▢ 很对我胃口。

이 [돼지고기 꼬치] 입에서 살살 녹네.　　　这 ▢ 入口即化。

**술 종류 표현**으로 술 추가 주문하기

| | |
|---|---|
| 맥주<br>**啤酒**<br>píjiǔ | 고량주<br>**白酒**<br>báijiǔ |
| 소주<br>**烧酒**<br>shāojiǔ | 막걸리<br>**韩国米酒**<br>Hánguó mǐjiǔ |
| 사케<br>**日本清酒**<br>Rìběn qīngjiǔ | 보드카<br>**伏特加**<br>fútèjiā |
| | 위스키<br>**威士忌**<br>wēishìjì |

해커스 중국어회화 10분의 기적 상황별로 말하기

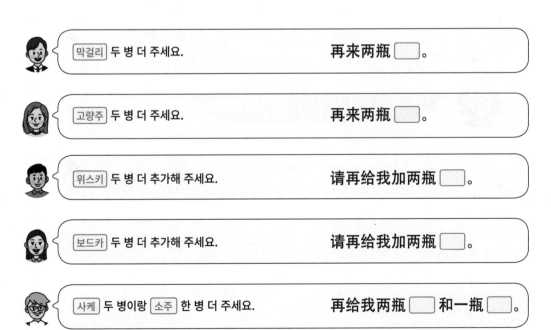

막걸리 두 병 더 주세요.      **再来两瓶 ▢ 。**

고량주 두 병 더 주세요.      **再来两瓶 ▢ 。**

위스키 두 병 더 추가해 주세요.      **请再给我加两瓶 ▢ 。**

보드카 두 병 더 추가해 주세요.      **请再给我加两瓶 ▢ 。**

사케 두 병이랑 소주 한 병 더 주세요.      **再给我两瓶 ▢ 和一瓶 ▢ 。**

# 실제 회화 술술 말해보기

대화를 보며 친구1, 친구2 또는 수진이처럼 말해본 후, 음성을 들으며 중국인처럼 한 번 더 따라 말해 보세요. 마지막으로 본인이 하고 싶은 말을 내 맘대로 말해 보세요.

---

**1** 친구 안부 물어보고 소고기 꼬치 맛있다고 칭찬하기

친구1

> 모두 다 왔어?

> 看来看去就差班长还没到。先坐，你最近过得怎么样？

수진

친구2

> 그럭저럭 괜찮아, 너는?

> 还是老样子，咱们边吃边聊。

수진

친구1

> 아, 이 소고기 꼬치 입에서 살살 녹네.

> 是吧？这家真的好吃。

수진

---

친구1: 大家都到了吗？
수진: 看来看去就差班长还没到。
　　　先坐，你最近过得怎么样？
친구2: 还可以吧，你呢？
수진: 还是老样子，咱们边吃边聊。
친구1: 啊，这牛肉串入口即化。
수진: 是吧？这家真的好吃。

친구1: 모두 다 왔어？
수진: 이리저리 둘러보니 반장이 아직 안 왔네.
　　　우선 앉아, 너 요즘 어떻게 지냈어？
친구2: 그럭저럭 괜찮아, 너는？
수진: 늘 그렇지 뭐, 우리 먹으면서 얘기하자.
친구1: 아, 이 소고기 꼬치 입에서 살살 녹네.
수진: 그렇지? 이 집 정말 맛있어.

## 2 친구 안부 물어보고 고량주 두 병 추가 주문하기

哎哟，车堵得厉害，大家都到了吗？

친구1

수진

이리저리 둘러보니 반장이 아직 안 왔네.
우선 앉아, 너 요즘 어떻게 지냈어?

还可以吧，你呢？

친구2

수진

늘 그렇지 뭐, 우리 술 좀 더 마시자.
저기요! 고량주 두 병 더 추가해 주세요.

친구1: 哎哟，车堵得厉害，大家都到了吗？
수진: 看来看去就差班长还没到。
　　　先坐，你最近过得怎么样？
친구2: 还可以吧，你呢？
수진: 还是老样子，我们再喝点酒吧。
　　　服务员！请再给我加两瓶白酒。

친구1: 아이고, 차 엄청나게 막혔어. 모두 다 왔어?
수진: 이리저리 둘러보니 반장이 아직 안 왔네.
　　　우선 앉아, 너 요즘 어떻게 지냈어?
친구2: 그럭저럭 괜찮아, 너는?
수진: 늘 그렇지 뭐, 우리 술 좀 더 마시자.
　　　저기요! 고량주 두 병 더 추가해 주세요.

# 몸이 여기저기 아프네

약국에서 약 사기

 🎧 상황별
회화 말하기

아프면 당연히 병원을 가야 하지만, 타지에서는 병원 가는 것도 꽤 많은 용기가 필요한 것 같다. 일단 심하지 않은 감기몸살인 것 같으니 우선 약국에 가 볼까?

 약사
**你哪儿不舒服?**
Nǐ nǎr bù shūfu?
어디가 불편하신가요?

 지훈
**我好像感冒了。** 一直流鼻涕，还浑身酸痛。
Wǒ hǎoxiàng gǎnmàole. Yìzhí liú bítì, hái húnshēn suāntòng.
감기에 걸린 것 같아요. 계속 콧물이 흐르고, 온몸이 쑤시고 아파요.

(1) 증상 말하기

 약사
**给你一盒感冒药。吃完还没好的话，就去医院吧。**
Gěi nǐ yì hé gǎnmàoyào. Chīwán hái méi hǎo dehuà, jiù qù yīyuàn ba.
감기약 한 통 드릴게요. 다 먹어도 여전히 좋아지지 않으면, 병원 가세요.

 지훈
**嗯，饭后多久服药?**
Ǹg, fàn hòu duō jiǔ fúyào?
네, 밥 먹고 얼마나 있다가 약 먹어요?

 약사
**这个无所谓，但不要过量服用，以免产生副作用。**
Zhège wúsuǒwèi, dàn búyào guòliàng fúyòng, yǐmiǎn chǎnshēng fùzuòyòng.
그건 상관없어요, 근데 부작용이 생기지 않도록, 과다 복용은 하지 마세요.

 지훈
**好的。** 再给我一个创可贴。
Hǎo de. Zài gěi wǒ yí ge chuāngkětiē.
네. 저 반창고도 하나 주세요.

(2) 상비약 구매하기

 약사
**嗯，一个5块。**
Ǹg, yí ge wǔ kuài.
네, 하나에 5위안입니다.

舒服 shūfu 편하다
好像 hǎoxiàng ~인 것 같다
感冒 gǎnmào 감기에 걸리다
一直 yìzhí 계속
流 liú 흐르다
鼻涕 bítì 콧물
浑身 húnshēn 온몸
酸痛 suāntòng 쑤시고 아프다
盒 hé 통, 갑(작은 상자를 세는 단위)
感冒药 gǎnmàoyào 감기약
……的话 ……dehuà ~하다면
饭后 fàn hòu 식후
多久 duō jiǔ 얼마 동안
多 duō 얼마나 [부록 p.195]
服药 fúyào 약을 먹다
无所谓 wúsuǒwèi 상관없다,
관계가 없다
过量 guòliàng 한도를 초과하다
服用 fúyòng 복용하다
以免 yǐmiǎn ~하지 않도록 [부록 p.195]
产生 chǎnshēng 생기다, 발생하다
副作用 fùzuòyòng 부작용
创可贴 chuāngkětiē 반창고

# 상황별 활용문장 익히기

각 세부 상황별로 활용할 수 있는 문장들을 처음 한 번은 또박또박 천천히 따라 읽고 그다음 두 번은 중국인처럼 큰 소리로 따라 말해 보세요.

## (1) 증상 말하기

계속 콧물이 흐르고, 온몸이 쑤시고 아파요.

**一直流鼻涕，还浑身酸痛。**

Yìzhí liú bítì, hái húnshēn suāntòng.

어제부터 콧물이 흘러요.

**从昨天开始流鼻涕。**

Cóng zuótiān kāishǐ liú bítì.

하루 종일 콧물이 흘러요.

**一整天都流鼻涕。**

Yìzhěngtiān dōu liú bítì.

## (2) 상비약 구매하기

저 반창고도 하나 주세요.

**再给我一个创可贴。**

Zài gěi wǒ yí ge chuāngkětiē.

반창고 있어요?

**有创可贴吗?**

Yǒu chuāngkětiē ma?

반창고도 하나 주세요.

**还要一个创可贴。**

Hái yào yí ge chuāngkětiē.

---

단어

**一直** yìzhí 계속 **流** liú 흐르다 **鼻涕** bítì 콧물 **浑身** húnshēn 온몸 **酸痛** suāntòng 쑤시고 아프다 **一整天** yìzhěngtiān 하루 종일, 온종일
**创口贴** chuāngkětiē 반창고

# 상황별 단어 활용해서 말해보기

각 상황별로 활용할 수 있는 단어를 따라 읽으며 익힌 후, 음성을 들으며 활용문장을 보고 중국인처럼 큰 소리로 따라 말해 보세요. 그리고 스스로 단어를 조합해 더 많은 활용문장을 큰 소리로 말해 보세요.

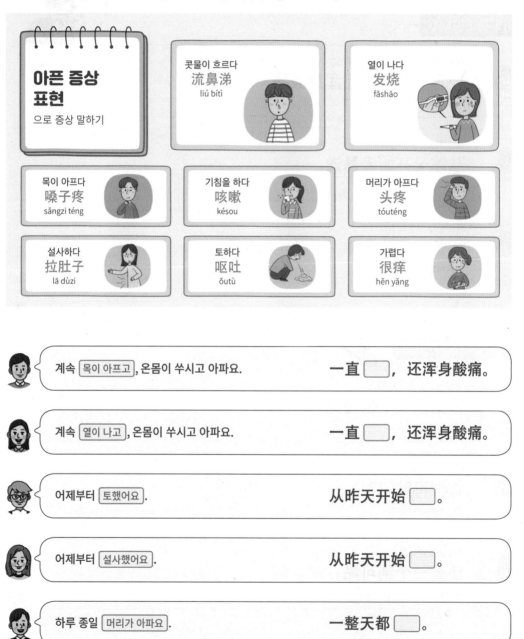

**아픈 증상 표현**
으로 증상 말하기

콧물이 흐르다
流鼻涕
liú bítì

열이 나다
发烧
fāshāo

목이 아프다
嗓子疼
sǎngzi téng

기침을 하다
咳嗽
késou

머리가 아프다
头疼
tóuténg

설사하다
拉肚子
lā dùzi

토하다
呕吐
ǒutù

가렵다
很痒
hěn yǎng

---

계속 목이 아프고 , 온몸이 쑤시고 아파요.
一直 ☐ ，还浑身酸痛。

계속 열이 나고 , 온몸이 쑤시고 아파요.
一直 ☐ ，还浑身酸痛。

어제부터 토했어요 .
从昨天开始 ☐ 。

어제부터 설사했어요 .
从昨天开始 ☐ 。

하루 종일 머리가 아파요 .
一整天都 ☐ 。

## 상비약 표현

으로 상비약 구매하기

**반창고**
创可贴
chuāngkětiē

**감기약**
感冒药
gǎnmàoyào

**진통제**
止痛药
zhǐtòngyào

**소화제**
消化剂
xiāohuàjì

**해열제**
退烧药
tuìshāoyào

**설사약**
泻药
xièyào

**소독약**
消毒药
xiāodúyào

**연고**
药膏
yàogāo

저 설사약 도 하나 주세요.　　　　　再给我一个 ⬜ 。

저 해열제 도 하나 주세요.　　　　　再给我一个 ⬜ 。

연고 있어요?　　　　　有 ⬜ 吗?

소화제 있어요?　　　　　有 ⬜ 吗?

소독약 도 하나 주세요.　　　　　还要一个 ⬜ 。

# 실제 회화 술술 말해보기

대화를 보며 지훈이처럼 말해본 후, 음성을 들으며 중국인처럼 한 번 더 따라 말해 보세요. 마지막으로 본인이 하고 싶은 말을 내 맘대로 말해 보세요.

## 1   계속 기침이 나온다 말하고 약 복용법 물어보기

你哪儿不舒服?
약사

지훈
감기에 걸린 것 같아요. 계속 기침하고, 온몸이 쑤시고 아파요.

给你一盒感冒药。吃完还没好的话，就去医院吧。
약사

지훈
네, 밥 먹고 얼마나 있다가 약 먹어요?

这个无所谓，但不要过量服用，以免产生副作用。
약사

지훈
네, 감사합니다.

---

약사: 你哪儿不舒服?
지훈: 我好像感冒了。一直咳嗽，还浑身酸痛。
약사: 给你一盒感冒药。吃完还好的话，就去医院吧。
지훈: 嗯，饭后多久服药?
약사: 这个无所谓，但不要过量服用，以免产生副作用。
지훈: 好的，谢谢。

약사: 어디가 불편하신가요?
지훈: 감기에 걸린 것 같아요. 계속 기침하고, 온몸이 쑤시고 아파요.
약사: 감기약 한 통 드릴게요. 다 먹어도 여전히 좋아지지 않으면, 병원 가세요.
지훈: 네, 밥 먹고 얼마나 있다가 약 먹어요?
약사: 그건 상관없어요, 근데 부작용이 생기지 않도록, 과다 복용은 하지 마세요.
지훈: 네, 감사합니다.

你哪儿不舒服?
약사

지훈
하루 종일 목이 아파요. 저 진통제 하나 주세요.

给你, 不要过量服用, 以免产生副作用。
약사

지훈
네, 감사합니다. 연고도 하나 주세요.

好的。
약사

---

약사: 你哪儿不舒服?
지훈: 一整天都嗓子疼。给我一个止痛药。
약사: 给你, 不要过量服用, 以免产生副作用。
지훈: 好的, 谢谢。还要一个药膏。
약사: 好的。

약사: 어디가 불편하신가요?
지훈: 하루 종일 목이 아파요. 저 진통제 하나 주세요.
약사: 여기요, 부작용이 생기지 않도록, 과다 복용은 하지 마세요.
지훈: 네, 감사합니다. 연고도 하나 주세요.
약사: 네.

# 언제나 설레는 여행!

여행 계획에 대해 얘기하기

🎧 상황별
회화 말하기

MILK TEA

---

 와~ 곧 있으면 방학이다! 이번 방학에 갈 뉴욕 여행 너무 기대된다! 빨리 루루 언니한테 자랑해야지~

---

 루루

**你这次暑假非得回韩国不可吗?**
Nǐ zhè cì shǔjià fēiděi huí Hánguó bùkě ma?
너 이번 여름 방학에 한국 들어가지 않으면 안 되는 거지?

 수진

**不啊, 我要去美国纽约旅游。 羡慕吧?**
Bù a, wǒ yào qù Měiguó Niǔyuē lǚyóu. Xiànmù ba?
아니야, 나 미국 뉴욕 여행 가려고. 부럽지?

(1) 여행 목적지 말하기

 루루

**我早就去过了, 去几天?**
Wǒ zǎo jiù qùguo le, qù jǐ tiān?
난 이미 다녀왔어, 며칠 가는데?

 수진

**6天5夜!**
Liù tiān wǔ yè!
5박 6일!

 루루

**订好住处了吗? 我给你推荐一下吧。**
Dìnghǎo zhùchù le ma? Wǒ gěi nǐ tuījiàn yíxià ba.
숙소는 예약 잘했니? 추천해 줄게.

 수진

**没事, 我已经订好了, 我打算在酒店住六天。**
Méishì, wǒ yǐjīng dìnghǎo le, wǒ dǎsuan zài jiǔdiàn zhù liù tiān.
괜찮아, 나 이미 예약했어, 호텔에서 6일 머무를 거야.

(2) 어디에서 얼마나
묵을지 말하기

 루루

**哦, 订得还挺快。 是自由行吗?**
Ǒ, dìng de hái tǐng kuài. Shì zìyóuxíng ma?
오, 엄청 빨리 예약했네. 자유 여행하는 거야?

 수진

**嗯, 是自由行。 回来时给你带礼物。**
Ňg, shì zìyóuxíng. Huílai shí gěi nǐ dài lǐwù.
응, 자유 여행하는 거야. 올 때 언니 선물 사 올게.

---

暑假 shǔjià 여름 방학, 여름휴가
非得……不可 fēiděi……bùkě
~하지 않으면 안 된다,
반드시 ~해야 한다 [부록 p.196]
美国 Měiguó 미국
纽约 Niǔyuē 뉴욕
旅游 lǚyóu 여행하다
羡慕 xiànmù 부럽다
早就 zǎo jiù 이미
夜 yè 박(밤을 세는 단위)
订好 dìnghǎo 예약했다
……好 ……hǎo ~을 잘하다
[부록 p.196]
住处 zhùchù 숙소
推荐 tuījiàn 추천하다
没事 méishì 괜찮다
酒店 jiǔdiàn 호텔
自由行 zìyóuxíng 자유 여행하다
礼物 lǐwù 선물

# 상황별 활용문장 익히기

각 세부 상황별로 활용할 수 있는 문장들을 처음 한 번은 또박또박 천천히 따라 읽고 그다음 두 번은 중국인처럼 큰 소리로 따라 말해 보세요.

## (1) 여행 목적지 말하기

나 미국 뉴욕 여행 가려고.
我要去美国纽约旅游。
Wǒ yào qù Měiguó Niǔyuē lǚyóu.

나 미국 뉴욕 여행 가려고 준비 중이야.
我准备去美国纽约旅游。
Wǒ zhǔnbèi qù Měiguó Niǔyuē lǚyóu.

나 미국 뉴욕 가는 비행기표 샀어.
我买了去美国纽约的机票。
Wǒ mǎile qù Měiguó Niǔyuē de jīpiào.

## (2) 어디에서 얼마나 묵을지 말하기

호텔에서 6일 머무를 거야.
我打算在酒店住六天。
Wǒ dǎsuan zài jiǔdiàn zhù liù tiān.

> TIP! 중국에서는 5박 6일이라고 말하고 싶을 때 6일 5박 즉, 六天五夜 (liù tiān wǔ yè)라고 말해요.

호텔 예약했어, 6일 머무를 거야.
我预订了酒店，住六天。
Wǒ yùdìngle jiǔdiàn, zhù liù tiān.

4성급 호텔에서 6일 머무를 거야.
我要在四星级酒店住六天。
Wǒ yào zài sì xīngjí jiǔdiàn zhù liù tiān.

---

단어

美国 Měiguó 미국　纽约 Niǔyuē 뉴욕　旅游 lǚyóu 여행하다　准备 zhǔnbèi 준비하다　机票 jīpiào 비행기표　打算 dǎsuan ~하려고 하다, ~할 계획이다
酒店 jiǔdiàn 호텔　预订 yùdìng 예약하다　星级 xīngjí (호텔) 성급

# 단어 쏙!
## 상황별 단어 활용해서 말해보기

각 상황별로 활용할 수 있는 단어를 따라 읽으며 익힌 후, 음성을 들으며 활용문장을 보고 중국인처럼 큰 소리로 따라 말해 보세요. 그리고 스스로 단어를 조합해 더 많은 활용문장을 큰 소리로 말해 보세요.

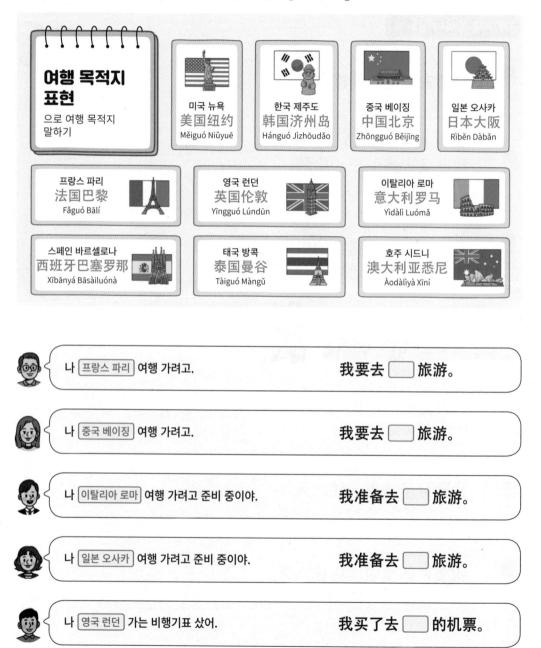

**여행 목적지 표현**

으로 여행 목적지 말하기

미국 뉴욕
美国纽约
Měiguó Niǔyuē

한국 제주도
韩国济州岛
Hánguó Jìzhōudǎo

중국 베이징
中国北京
Zhōngguó Běijīng

일본 오사카
日本大阪
Rìběn Dàbǎn

프랑스 파리
法国巴黎
Fǎguó Bālí

영국 런던
英国伦敦
Yīngguó Lúndūn

이탈리아 로마
意大利罗马
Yìdàlì Luómǎ

스페인 바르셀로나
西班牙巴塞罗那
Xībānyá Bāsàiluónà

태국 방콕
泰国曼谷
Tàiguó Màngǔ

호주 시드니
澳大利亚悉尼
Àodàlìyà Xīní

---

나 [프랑스 파리] 여행 가려고.　　　我要去 ▢ 旅游。

나 [중국 베이징] 여행 가려고.　　　我要去 ▢ 旅游。

나 [이탈리아 로마] 여행 가려고 준비 중이야.　　　我准备去 ▢ 旅游。

나 [일본 오사카] 여행 가려고 준비 중이야.　　　我准备去 ▢ 旅游。

나 [영국 런던] 가는 비행기표 샀어.　　　我买了去 ▢ 的机票。

장소와 시간 표현

**장소와 시간 표현**

으로 어디에서 얼마나 묵을지 말하기

호텔
**酒店/饭店/宾馆**
jiǔdiàn/fàndiàn/bīnguǎn

게스트 하우스
**客栈**
kèzhàn

에어비앤비
**爱彼迎**
Àibǐyíng

리조트
**度假村**
dùjiàcūn

펜션/산장
**休闲山庄**
xiūxián shānzhuāng

2일
**两天**
liǎng tiān

3일
**三天**
sān tiān

4일
**四天**
sì tiān

5일
**五天**
wǔ tiān

6일
**六天**
liù tiān

게스트 하우스 에서 3일 머무를 거야.　　　我打算在☐住☐。

에어비앤비 에서 4일 머무를 거야.　　　我打算在☐住☐。

리조트 에서 5일 머무를 거야.　　　我打算在☐住☐。

펜션 예약했어, 6일 머무를 거야.　　　我预订了☐, 住☐。

게스트 하우스 예약했어, 2일 머무를 거야.　　　我预订了☐, 住☐。

# 실제 회화 술술 말해보기

대화를 보며 수진이처럼 말해본 후, 음성을 들으며 중국인처럼 한 번 더 따라 말해 보세요. 마지막으로 본인이 하고 싶은 말을 내 맘대로 말해 보세요.

## 1 프랑스 파리로 5박 6일 여행 간다고 말하기

**루루:** 你这次暑假非得回韩国不可吗?

**수진:** 아니야, 나 프랑스 파리 여행 가려고, 부럽지?

**루루:** 我早就去过了，去几天?

**수진:** 5박 6일!

**루루:** 是自由行吗?

**수진:** 응, 자유 여행하는 거야. 올 때 언니 선물 사 올게.

---

루루: 你这次暑假非得回韩国不可吗?
수진: 不啊，我要去法国巴黎旅游，羡慕吧?
루루: 我早就去过了，去几天?
수진: 6天5夜!
루루: 是自由行吗?
수진: 嗯，是自由行。回来时给你带礼物。

루루: 너 이번 여름 방학에 한국 들어가지 않으면 안 되는 거지?
수진: 아니야, 나 프랑스 파리 여행 가려고, 부럽지?
루루: 난 이미 다녀왔어, 며칠 가는데?
수진: 5박 6일!
루루: 자유 여행하는 거야?
수진: 응, 자유 여행하는 거야. 올 때 언니 선물 사 올게.

## 2 일본 오사카 가서 에어비앤비에서 3일 머무를 거라 말하기

수진

나 일본 오사카 여행 가려고, 부럽지?

我早就去过了，订好住处了吗?

루루

수진

에어비앤비 예약했어, 3일 머무를 거야.

哦，订得还挺快。是自由行吗?

루루

수진

응, 자유 여행하는 거야. 올 때 언니 선물 사 올게.

谢谢!

루루

---

수진: 我要去日本大阪旅游，羡慕吧?
루루: 我早就去过了，订好住处了吗?
수진: 我预订了爱彼迎，住3天。
루루: 哦，订得还挺快。是自由行吗?
수진: 嗯，是自由行。回来时给你带礼物。
루루: 谢谢!

수진: 나 일본 오사카 여행 가려고, 부럽지?
루루: 난 이미 다녀왔어, 숙소는 예약 잘했니?
수진: 에어비앤비 예약했어, 3일 머무를 거야.
루루: 오, 엄청 빨리 예약했네. 자유 여행하는 거야?
수진: 응, 자유 여행하는 거야. 올 때 언니 선물 사 올게.
루루: 고마워!

# 운세는 운세일 뿐!

별자리, 띠 운세 보기

🎧 상황별
회화 말하기

중국 사람들은 재미 삼아 별자리 운세를 자주 본다던데 나도 시간 되면 운세 한번 봐야겠다. 근데 루루 언니는 뭘 보고 있는 거지?

---

수진

**你在看什么呢?**
Nǐ zài kàn shénme ne?
언니 뭐 보고 있어?

루루

**我在看星座运势，你是什么星座的?**
Wǒ zài kàn xīngzuò yùnshì, nǐ shì shénme xīngzuò de?
나 지금 별자리 운세 보고 있는데, 너 별자리 뭐니?

수진

**我是狮子座，上面写着什么?**
Wǒ shì shīzizuò, shàngmiàn xiězhe shénme?
나는 사자자리인데, 뭐라고 쓰여 있어?

(1) 별자리 말하기

루루

**下个月你虽然学业运好，但爱情运不好。**
Xià ge yuè nǐ suīrán xuéyè yùn hǎo, dàn àiqíng yùn bù hǎo.
다음달 학업 운은 좋은데, 애정운이 안 좋다네.

수진

**真的吗? 我跟男朋友挺好的呀。**
Zhēn de ma? Wǒ gēn nán péngyou tǐng hǎo de ya.
진짜? 남자친구랑 잘 지내고 있는데.

루루

**啊，这里还有生肖运势，帮你看看?**
À, zhèli hái yǒu shēngxiào yùnshì, bāng nǐ kànkan?
어, 여기 띠별 운세도 있는데, 봐 줄까?

수진

**好的，我属牛。**
Hǎo de, wǒ shǔ niú.
좋아, 나 소띠야.

(2) 띠 말하기

星座 xīngzuò 별자리
运势 yùnshì 운세
狮子座 shīzizuò 사자자리
虽然……，但…… suīrán……,
dàn…… 비록 ~지만, ~하다
[부록 p.197]
学业运 xuéyè yùn 학업 운
爱情运 àiqíng yùn 애정운
生肖 shēngxiào 띠
属 shǔ (십이지의) ~띠다
劈腿 pītuǐ 바람피우다
好像 hǎoxiàng ~인 것 같다 [부록 p.197]
不怎么 bù zěnme 그다지 ~하지 않다
主动 zhǔdòng 적극적이다
联系 liánxì 연락하다
在意 zàiyì 신경 쓰다, 마음에 두다
左耳进右耳出 zuǒ ěr jìn yòu ěr chū
한 귀로 듣고 한 귀로 흘리다

루루

**上面说你男朋友劈腿了?**
Shàngmiàn shuō nǐ nán péngyou pītuǐle?
남자친구가 바람피운다는데?

수진

**怎么办啊? 最近他好像真的不怎么主动联系我。**
Zěnme bàn a? Zuìjìn tā hǎoxiàng zhēn de bù zěnme zhǔdòng liánxì wǒ.
어떡해? 남자친구가 최근에 나한테 적극적으로 연락 안 하는 것 같아.

루루

**别太在意，就让它左耳进右耳出。**
Bié tài zàiyì, jiù ràng tā zuǒ ěr jìn yòu ěr chū.
너무 신경 쓰지 마, 한 귀로 듣고 한 귀로 흘려.

# 상황별 활용문장 익히기

각 세부 상황별로 활용할 수 있는 문장들을 처음 한 번은 또박또박 천천히 따라 읽고 그다음 두 번은 중국인처럼 큰 소리로 따라 말해 보세요.

## (1) 별자리 말하기

나는 사자자리야.
### 我是狮子座。
Wǒ shì shīzizuò.

내 별자리는 사자자리야.
### 我的星座是狮子座。
Wǒ de xīngzuò shì shīzizuò.

7월에 태어난 사자자리야.
### 我是7月生的狮子座。
Wǒ shì qī yuè shēng de shīzizuò.

## (2) 띠 말하기

나는 소띠야.
### 我属牛。
Wǒ shǔ niú.

내 띠는 소야.
### 我的属相是牛。
Wǒ de shǔxiang shì niú.

내 띠는 소야.
### 我的生肖是牛。
Wǒ de shēngxiào shì niú.

> TIP! 12간지는 十二生肖
> (shí'èr shēngxiào)라고 해요.

단어
狮子座 shīzizuò 사자자리   星座 xīngzuò 별자리   生 shēng 태어나다, 낳다   属 shǔ (십이지의) ~띠다   属相 shǔxiang 띠   生肖 shēngxiào 띠

# 상황별 단어 활용해서 말해보기

각 상황별로 활용할 수 있는 단어를 따라 읽으며 익힌 후, 음성을 들으며 활용문장을 보고 중국인처럼 큰 소리로 따라 말해 보세요. 그리고 스스로 단어를 조합해 더 많은 활용문장을 큰 소리로 말해 보세요.

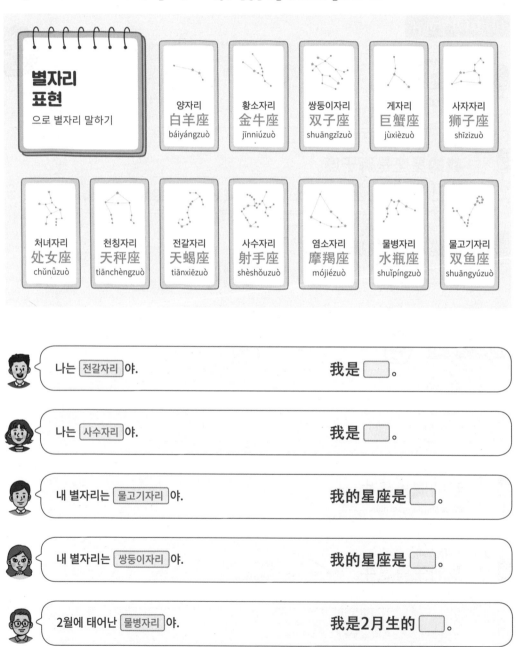

**별자리 표현**

으로 별자리 말하기

| | | | | |
|---|---|---|---|---|
| 양자리<br>白羊座<br>báiyángzuò | 황소자리<br>金牛座<br>jīnniúzuò | 쌍둥이자리<br>双子座<br>shuāngzǐzuò | 게자리<br>巨蟹座<br>jùxièzuò | 사자자리<br>狮子座<br>shīzizuò |
| 처녀자리<br>处女座<br>chǔnǚzuò | 천칭자리<br>天秤座<br>tiānchèngzuò | 전갈자리<br>天蝎座<br>tiānxiēzuò | 사수자리<br>射手座<br>shèshǒuzuò | 염소자리<br>摩羯座<br>mójiézuò |

| | |
|---|---|
| 물병자리<br>水瓶座<br>shuǐpíngzuò | 물고기자리<br>双鱼座<br>shuāngyúzuò |

나는 전갈자리 야.　　　　　　　我是 ⬚ 。

나는 사수자리 야.　　　　　　　我是 ⬚ 。

내 별자리는 물고기자리 야.　　　我的星座是 ⬚ 。

내 별자리는 쌍둥이자리 야.　　　我的星座是 ⬚ 。

2월에 태어난 물병자리 야.　　　　我是2月生的 ⬚ 。

## 띠 표현
으로 띠 말하기

| | | | | |
|---|---|---|---|---|
|  쥐 鼠 shǔ |  소 牛 niú |  호랑이 虎 hǔ |  토끼 兔 tù |  용 龙 lóng |
|  뱀 蛇 shé |  말 马 mǎ |  양 羊 yáng |  원숭이 猴 hóu |  닭 鸡 jī |

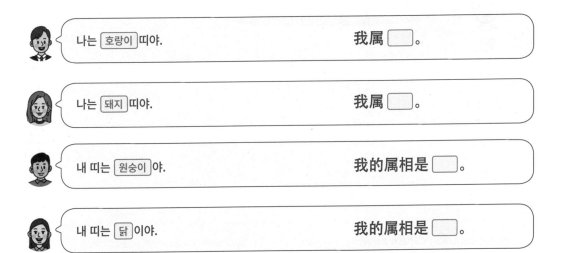

나는 [호랑이] 띠야.          我属 ☐。

나는 [돼지] 띠야.          我属 ☐。

내 띠는 [원숭이] 야.          我的属相是 ☐。

내 띠는 [닭] 이야.          我的属相是 ☐。

내 띠는 [양] 이야.          我的生肖是 ☐。

DAY 10 운세는 운세일 뿐! - 별자리, 띠 운세 보기  **63**

해커스 중국어회화 10분의 기적 상황별로 말하기

# 실제 회화 술술 말해보기

대화를 보며 수진이처럼 말해본 후, 음성을 들으며 중국인처럼 한 번 더 따라 말해 보세요. 마지막으로 본인이 하고 싶은 말을 내 맘대로 말해 보세요.

## 1  천칭자리 운세보기

我在看星座运势，你是什么星座的?
루루

수진
나는 천칭자리인데, 뭐라고 쓰여 있어?

下个月你虽然学业运好，但爱情运不好。
루루

수진
진짜? 남자친구랑 잘 지내고 있는데.

---

루루: 我在看星座运势，你是什么星座的?
수진: 我是天秤座，上面写着什么?
루루: 下个月你虽然学业运好，但爱情运不好。
수진: 真的吗? 我跟男朋友挺好的呀。

루루: 나 지금 별자리 운세 보고 있는데, 너 별자리 뭐니?
수진: 나는 천칭자리인데, 뭐라고 쓰여 있어?
루루: 다음달 학업 운은 좋은데, 애정운이 안 좋다네.
수진: 진짜? 남자친구랑 잘 지내고 있는데.

## 2 토끼띠 운세보기

루루

啊，这里有生肖运势，帮你看看?

수진

좋아, 내 띠는 토끼야.

루루

上面说你男朋友劈腿了?

수진

어떡해? 남자친구가 최근에 나한테
적극적으로 연락 안 하는 것 같아.

루루

别太在意，就让它左耳进右耳出。

루루: 啊，这里有生肖运势，帮你看看?
수진: 好的，我的属相(生肖)是兔。
루루: 上面说你男朋友劈腿了?
수진: 怎么办啊? 最近他好像真的不怎么主动联系我。
루루: 别太在意，就让它左耳进右耳出。

루루: 어, 여기 띠별 운세 있는데, 봐 줄까?
수진: 좋아, 내 띠는 토끼야.
루루: 남자친구가 바람피운다는데?
수진: 어떡해? 남자친구가 최근에 나한테 적극적으로 연락
　　 안 하는 것 같아.
루루: 너무 신경 쓰지 마, 한 귀로 듣고 한 귀로 흘려.

# 아쉽지만 이 백팩도 예쁘니까
다른 가방으로 교환하기

🎧 상황별
회화 말하기

 갖고 싶던 신상 가방을 오랫동안 기다려서 어제 샀는데, 집에 가서 보니 불량품이었다.
하, 교환하러 다시 오긴 했는데 인기 많은 제품이라 새 상품 남아 있을지 모르겠다.

---

**你好, <mark>昨天买的斜挎包拉链卡住了。</mark>**
Nǐ hǎo, zuótiān mǎi de xiékuàbāo lāliàn qiǎzhùle.
안녕하세요, 어제 산 크로스백이 지퍼가 끼었어요.

(1) 가방 불량이라고 말하기

**能让我看一下吗?**
Néng ràng wǒ kàn yíxià ma?
제가 한번 볼 수 있을까요?

**给你。我连一次都没用过, 到底怎么回事啊?**
Gěi nǐ. Wǒ lián yí cì dōu méi yòngguo, dàodǐ zěnme huí shì a?
여기요. 저 심지어 한 번도 안 썼어요, 도대체 어떻게 된 일이에요?

**这个可以换新的吗?**
Zhège kěyǐ huàn xīn de ma?
이거 새것으로 교환할 수 있나요?

**真不好意思。您昨天买的是限量版, 所以都卖光了。**
Zhēn bù hǎoyìsi. Nín zuótiān mǎi de shì xiànliàngbǎn, suǒyǐ dōu màiguāngle.
정말 죄송합니다. 어제 구매하신 것은 한정판이어서, 모두 다 팔렸어요.

**哎呀, 为了买这新款, 我等了两个月。**
Āiyā, wèile mǎi zhè xīnkuǎn, wǒ děngle liǎng ge yuè.
아이고, 이 신상 사기 위해, 제가 두 달 기다렸어요.

**<mark>那</mark>我可以换成那个双肩包吗?**
Nà wǒ kěyǐ huànchéng nàge shuāngjiānbāo ma?
그럼 저 백팩으로 바꿀 수 있나요?

(2) 다른 가방으로 교환하기

**请稍等, 我给您拿新的。**
Qǐng shāo děng, wǒ gěi nín ná xīn de.
잠시만 기다려 주세요, 새것 가져다 드릴게요.

斜挎包 xiékuàbāo 크로스백
拉链 lāliàn 지퍼
卡住 qiǎzhù 끼다, 걸리다
连……都…… lián……dōu……
심지어 ~도 ~하다 [부록 p.198]
到底 dàodǐ 도대체, 결국 [부록 p.198]
怎么回事 zěnme huí shì
어떻게 된 일이야?
啊 a 문장 끝에 쓰여 감정을 풍부
하게 전달 함
限量版 xiànliàngbǎn 한정판
卖光 màiguāng 다 팔리다, 매진되다
哎呀 āiyā 아이고
为了 wèile ~을 위해
新款 xīnkuǎn 신상, 새로운 스타일
换成 huànchéng ~으로 바꾸다
双肩包 shuāngjiānbāo 백팩
稍等 shāo děng 잠시 기다리다

## 상황별 활용문장 익히기

각 세부 상황별로 활용할 수 있는 문장들을 처음 한 번은 또박또박 천천히 따라 읽고 그다음 두 번은 중국인처럼 큰 소리로 따라 말해 보세요.

### (1) 가방 불량이라고 말하기

어제 산 크로스백이 지퍼가 끼었어요.

**昨天买的斜挎包拉链卡住了。**

Zuótiān mǎi de xiékuàbāo lāliàn qiǎzhùle.

이 크로스백 지퍼가 끼었어요.

**这斜挎包拉链卡住了。**

Zhè xiékuàbāo lāliàn qiǎzhùle.

제 크로스백 지퍼가 끼었어요.

**我的斜挎包拉链卡住了。**

Wǒ de xiékuàbāo lāliàn qiǎzhùle.

### (2) 다른 가방으로 교환하기

저 백팩으로 바꿀 수 있나요?

**我可以换成那个双肩包吗?**

Wǒ kěyǐ huànchéng nàge shuāngjiānbāo ma?

이거, 저 백팩으로 교환 되나요?

**这个，可以换成那个双肩包吗?**

Zhège, kěyǐ huànchéng nàge shuāngjiānbāo ma?

이거를 저 백팩으로 바꿀 수 있나요?

**能把这个换成那个双肩包吗?**

Néng bǎ zhège huànchéng nàge shuāngjiānbāo ma?

단어

斜挎包 xiékuàbāo 크로스백  拉链 lāliàn 지퍼  卡住 qiǎzhù 끼다, 걸리다  换成 huànchéng ~으로 바꾸다  双肩包 shuāngjiānbāo 백팩

# 상황별 단어 활용해서 말해보기

각 상황별로 활용할 수 있는 단어를 따라 읽으며 익힌 후, 음성을 들으며 활용문장을 보고 중국인처럼 큰 소리로 따라 말해 보세요. 그리고 스스로 단어를 조합해 더 많은 활용문장을 큰 소리로 말해 보세요.

**가방 불량 표현**

으로 가방 불량이라고 말하기

지퍼가 끼다
拉链卡住了
lāliàn qiǎzhùle

실밥이 터졌다
开线了
kāixiànle

장식이 떨어졌다
装饰掉了
zhuāngshì diàole

흠집이 나다
有划痕
yǒu huáhén

가죽이 벗겨졌다
掉皮了
diào píle

버클이 망가졌다
搭扣坏了
dākòu huàile

지퍼가 너무 뻑뻑하다
拉链太紧了
lāliàn tài jǐn le

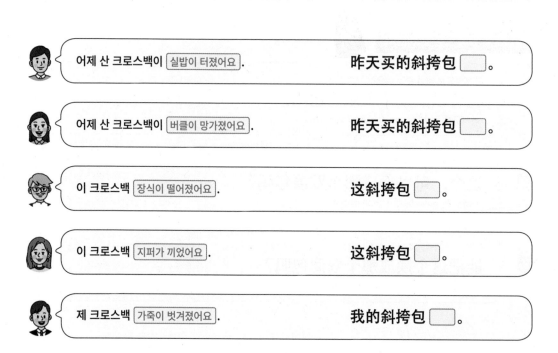

어제 산 크로스백이 실밥이 터졌어요 .
昨天买的斜挎包 ___ 。

어제 산 크로스백이 버클이 망가졌어요 .
昨天买的斜挎包 ___ 。

이 크로스백 장식이 떨어졌어요 .
这斜挎包 ___ 。

이 크로스백 지퍼가 끼었어요 .
这斜挎包 ___ 。

제 크로스백 가죽이 벗겨졌어요 .
我的斜挎包 ___ 。

가방 표현

으로 다른 가방으로
교환하기

크로스백
斜挎包
xiékuàbāo

백팩
双肩包 / 背包
shuāngjiānbāo / bēibāo

핸드백
手提包
shǒutíbāo

서류 가방
公文包
gōngwénbāo

숄더백
单肩包
dānjiānbāo

에코 백
帆布包
fānbùbāo

클러치
手拿包
shǒunábāo

책가방
书包
shūbāo

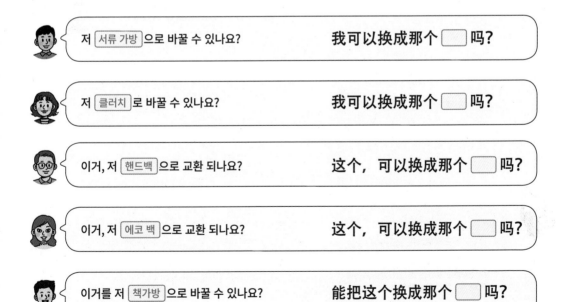

저 서류 가방 으로 바꿀 수 있나요?
我可以换成那个 ☐ 吗?

저 클러치 로 바꿀 수 있나요?
我可以换成那个 ☐ 吗?

이거, 저 핸드백 으로 교환 되나요?
这个, 可以换成那个 ☐ 吗?

이거, 저 에코 백 으로 교환 되나요?
这个, 可以换成那个 ☐ 吗?

이거를 저 책가방 으로 바꿀 수 있나요?
能把这个换成那个 ☐ 吗?

# 실제 회화 술술 말해보기

대화를 보며 수진이처럼 말해본 후, 음성을 들으며 중국인처럼 한 번 더 따라 말해 보세요. 마지막으로 본인이 하고 싶은 말을 내 맘대로 말해 보세요.

## 1 크로스백 버클이 망가졌으니 핸드백으로 교환해 달라고 하기

수진

> 안녕하세요, 어제 산 크로스백이 버클이 망가졌어요.

> 能让我看一下吗？

직원

수진

> 여기요. 이거를 저 핸드백으로 바꿀 수 있나요?

> 请稍等，我给您拿新的。

직원

---

수진: 你好，昨天买的斜挎包搭扣坏了。
직원: 能让我看一下吗？
수진: 给你。能把这个换成那个手提包吗？
직원: 请稍等，我给您拿新的。

수진: 안녕하세요, 어제 산 크로스백이 버클이 망가졌어요.
직원: 제가 한번 볼 수 있을까요?
수진: 여기요. 이거를 저 핸드백으로 바꿀 수 있나요?
직원: 잠시만 기다려 주세요, 새것 가져다 드릴게요.

## 2 크로스백 지퍼가 뻑뻑하다고 말하고 클러치로 교환하기

수진

안녕하세요, 어제 산 크로스백 지퍼가 너무 뻑뻑해요.

能让我看一下吗?

직원

수진

여기요. 이거 새것으로 교환할 수 있나요?

真不好意思。您昨天买的是限量版，所以都卖光了。

직원

수진

그럼 이거, 저 클러치로 교환 되나요?

请稍等，我给您拿新的。

직원

---

수진: 你好，昨天买的斜挎包拉链太紧了。
직원: 能让我看一下吗?
수진: 给你。这个可以换新的吗?
직원: 真不好意思。您昨天买的是限量版，所以都卖光了。
수진: 那这个，可以换成那个手拿包吗?
직원: 请稍等，我给您拿新的。

수진: 안녕하세요, 어제 산 크로스백 지퍼가 너무 뻑뻑해요.
직원: 제가 한번 볼 수 있을까요?
수진: 여기요. 이거 새것으로 교환할 수 있나요?
직원: 정말 죄송합니다, 어제 구매하신 것은 한정판이어서, 모두 다 팔렸어요.
수진: 그럼 이거, 저 클러치로 교환 되나요?
직원: 잠시만 기다려 주세요, 새것 가져다 드릴게요.

# 설레는 데이트! 유후~

남자친구와 약속 잡기

상황별
회화 말하기

곧 있으면 밸런타인데이인데 현우 오빠랑 뭐하지? 저번 칠석(七夕, qīxī)에 드라이브 다녀왔는데, 이번에도 드라이브 가자고 해 봐야겠다! 오빠한테 바로 전화해서 물어봐야지~

---

수진

**喂，情人节有空吗？对了……你那天要出差吧。**
Wéi, Qíngrénjié yǒu kòng ma? Duìle……nǐ nà tiān yào chūchāi ba.
여보세요, 밸런타인데이에 시간 있어? 맞다……그날 출장 간다고 했지.

현우

**不，我有空。出差推迟了。**
Bù, wǒ yǒu kòng. Chūchāi tuīchíle.
아니야, 시간 있어. 출장 미뤄졌어.

수진

**太好了，我们去兜风吧。**
Tài hǎo le, wǒmen qù dōufēng ba.
너무 잘 됐다, 우리 드라이브하러 가자.

　　　　　　　　　　(1) 야외 활동 제안하기

현우

**要不，一起去看音乐剧？**
Yàobù, yìqǐ qù kàn yīnyuèjù?
아니면, 같이 뮤지컬 볼래?

　　　　　　　　　　(2) 공연 보자고 말하기

수진

**真的吗？**
Zhēn de ma?
진짜?

현우

**当当当，朋友送了两张票。**
Dāngdāngdāng, péngyou sòngle liǎng zhāng piào.
짜잔, 친구가 표 두 장 줬지.

수진

**是几点的？**
Shì jǐ diǎn de?
몇 시 거야?

현우

**2月14号晚上7点的，就在剧场见吧。**
Èr yuè shísì hào wǎnshang qī diǎn de, jiù zài jùchǎng jiàn ba.
2월 14일 저녁 7시, 공연장에서 바로 보자.

수진

**知道了。**
Zhīdàole.
알겠어.

喂 wéi (전화할 때) 여보세요
情人节 Qíngrénjié 밸런타인데이
空 kòng (시간,장소 등의) 틈, 여백
对了 duìle 맞다(갑자기 어떤 일이 생각남)
推迟 tuīchí 미루다
太……了 tài……le 너무 ~하다
[부록 p.199]
兜风 dōufēng 드라이브하다, 바람을 쐬다
要不 yàobù 아니면, 그렇지 않으면
[부록 p.199]
音乐剧 yīnyuèjù 뮤지컬
当当当 dāngdāngdāng 짜잔
送 sòng 주다
张 zhāng 장(종이, 책상 등을 세는 단위)
票 piào 표
剧场 jùchǎng 공연장, 극장

# 상황별 활용문장 익히기

각 세부 상황별로 활용할 수 있는 문장들을 처음 한 번은 또박또박 천천히 따라 읽고 그다음 두 번은 중국인처럼 큰 소리로 따라 말해 보세요.

## (1) 야외 활동 제안하기

우리 드라이브 가자.
**我们去兜风吧。**
Wǒmen qù dōufēng ba.

나 드라이브 가고 싶어.
**我想去兜风。**
Wǒ xiǎng qù dōufēng.

드라이브 가는 거, 어때?
**去兜风，怎么样?**
Qù dōufēng, zěnmeyàng?

## (2) 공연 보자고 말하기

같이 뮤지컬 볼래?
**一起去看音乐剧?**
Yìqǐ qù kàn yīnyuèjù?

뮤지컬 보러 가자.
**去看音乐剧吧。**
Qù kàn yīnyuèjù ba.

뮤지컬 보는 거 어때?
**看音乐剧怎么样?**
Kàn yīnyuèjù zěnmeyàng?

---

단어

兜风 dōufēng 드라이브하다, 바람을 쐬다  音乐剧 yīnyuèjù 뮤지컬

## 상황별 단어 활용해서 말해보기

각 상황별로 활용할 수 있는 단어를 따라 읽으며 익힌 후, 음성을 들으며 활용문장을 보고 중국인처럼 큰 소리로 따라 말해 보세요. 그리고 스스로 단어를 조합해 더 많은 활용문장을 큰 소리로 말해 보세요.

### 야외 활동 표현
으로 야외 활동 제안하기

드라이브 가다
**去兜风**
qù dōufēng

놀이동산 가다
**去游乐场**
qù yóulèchǎng

스키 타다
**滑雪**
huáxuě

피크닉 가다
**去郊游**
qù jiāoyóu

산책 가다
**去散步**
qù sànbù

자전거 타다
**骑自行车**
qí zìxíngchē

---

우리 산책 가 자.

我们 ☐ 吧。

우리 자전거 타 자.

我们 ☐ 吧。

피크닉 가 고 싶어.

我想 ☐。

놀이동산 가 고 싶어.

我想 ☐。

스키 타 는 거 어때?

☐, 怎么样?

## 공연 표현

으로 공연 보자고 말하기

뮤지컬
音乐剧
yīnyuèjù

콘서트
演唱会
yǎnchànghuì

연극
话剧
huàjù

오페라
歌剧
gējù

판소리
板索里
bǎnsuǒlǐ

경극
京剧
jīngjù

서커스
马戏
mǎxì

마술 쇼
魔术表演
móshù biǎoyǎn

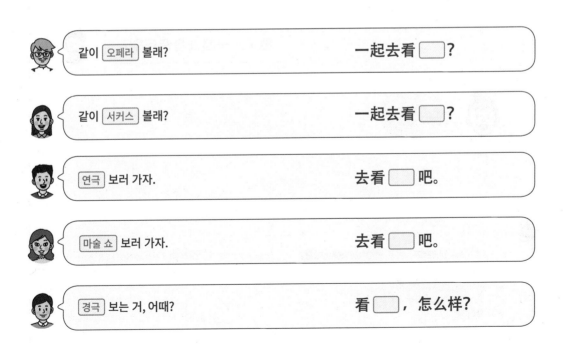

같이 [오페라] 볼래?

一起去看 ☐ ?

같이 [서커스] 볼래?

一起去看 ☐ ?

[연극] 보러 가자.

去看 ☐ 吧。

[마술 쇼] 보러 가자.

去看 ☐ 吧。

[경극] 보는 거, 어때?

看 ☐ , 怎么样?

# 실제 회화 술술 말해보기

대화를 보며 수진이 또는 현우처럼 말해본 후, 음성을 들으며 중국인처럼 한 번 더 따라 말해 보세요. 마지막으로 본인이 하고 싶은 말을 내 맘대로 말해 보세요.

**1** 밸런타인데이에 놀이동산 가자고 제안하기

수진

> 여보세요, 밸런타인데이에 시간 있어?
> 맞다……그날 출장 간다고 했지.

> 不，我有空。出差推迟了。

현우

수진

> 너무 잘 됐다, 나 놀이동산 가고 싶어.

> 要不，一起去看音乐剧？

현우

수진

> 진짜?

---

수진: 喂，情人节有空吗？对了……你那天要出差吧。
현우: 不，我有空。出差推迟了。
수진: 太好了，我想去游乐场。
현우: 要不，一起去看音乐剧？
수진: 真的吗？

수진: 여보세요, 밸런타인데이에 시간 있어?
　　　맞다……그날 출장 간다고 했지.
현우: 아니야, 시간 있어. 출장 미뤄졌어.
수진: 너무 잘 됐다, 나 놀이동산 가고 싶어.
현우: 아니면, 같이 뮤지컬 볼래?
수진: 진짜?

## 2    연극 보러 가자 하고 공연장에서 바로 만나자고 말하기

현우

연극 보러 가자.

真的吗?

수진

현우

짜잔, 친구가 표 두 장 줬지.

是几点的?

수진

현우

2월 14일 저녁 7시, 공연장에서 바로 보자.

知道了.

수진

현우: 去看话剧吧。
수진: 真的吗?
현우: 当当当，朋友送了两张票。
수진: 是几点的？
현우: 2月14号晚上7点的，就在剧场见吧。
수진: 知道了。

현우: 연극 보러 가자.
수진: 진짜?
현우: 짜잔, 친구가 표 두 장 줬지.
수진: 몇 시 거야?
현우: 2월 14일 저녁 7시, 공연장에서 바로 보자.
수진: 알겠어.

# 세탁기 또 말썽이야!

A/S 센터에 수리 예약 전화하기

🎧상황별
회화 말하기

세탁기가 얼마 전부터 이상한 소리를 내더니 결국 고장이 났다. 세탁을 못 하고 있으니 빨리 A/S 센터에 전화해서 수리 예약을 잡아야겠다! 상담사 연결이 빨리 됐으면 좋겠다……

지현
**您好，这里是三三电子售后服务中心。**
Nín hǎo, zhèli shì Sānsān diànzǐ shòu hòu fúwù zhōngxīn.
안녕하세요, 산산 전자 A/S 센터입니다.

지훈
**你好，我家洗衣机坏了，可以维修吗?**
Nǐ hǎo, wǒ jiā xǐyījī huàile, kěyǐ wéixiū ma?
안녕하세요, 저희 집 세탁기가 고장 났어요, 수리할 수 있을까요?

> (1) 고장 난 물품 말하기

지현
**有什么问题?**
Yǒu shénme wèntí?
어떤 문제가 있죠?

지훈
**它启动不了了。**
Tā qǐdòng buliǎo le.
세탁기가 작동이 안 돼요.

> (2) 고장 증상 말하기

지현
**什么时候在哪儿买的?**
Shénme shíhou zài nǎr mǎi de?
언제 어디서 구매하셨어요?

지훈
**6个月前在王府井店买的。**
Liù ge yuè qián zài Wángfǔjǐng diàn mǎi de.
6개월 전 왕푸징점에서 샀어요.

**你们什么时候可以来修? 越快越好。**
nǐmen shénme shíhou kěyǐ lái xiū? Yuè kuài yuè hǎo.
언제 오셔서 수리해 주실 수 있나요? 빠르면 빠를수록 좋아요.

지현
**好的，我尽快帮你预约维修服务。**
Hǎo de, wǒ jǐnkuài bāng nǐ yùyuē wéixiū fúwù.
네, 가능한 한 빨리 수리 서비스 예약해 드리겠습니다.

电子 diànzǐ 전자
售后服务 shòu hòu fúwù A/S, 애프터서비스
中心 zhōngxīn 센터
洗衣机 xǐyījī 세탁기
坏 huài 고장 나다
维修 wéixiū 수리하다
启动 qǐdòng 작동하다
……不了 ……buliǎo ~할 수 없다 [부록 p.200]
王府井 Wángfǔjǐng 왕푸징(북경의 한 지역)
店 diàn 지점, 가게
修 xiū 수리하다
越……越…… yuè……yuè…… ~하면 ~할수록 ~하다 [부록 p.200]
尽快 jǐnkuài 가능한 한 빨리
帮你 bāng nǐ ~을 해 주다
预约 yùyuē 예약하다
服务 fúwù 서비스

# 상황별 활용문장 익히기

각 세부 상황별로 활용할 수 있는 문장들을 처음 한 번은 또박또박 천천히 따라 읽고 그다음 두 번은 중국인처럼 큰 소리로 따라 말해 보세요.

## (1) 고장 난 물품 말하기

 세탁기가 고장 났어요.
### 洗衣机坏了。
Xǐyījī huàile.

 세탁기에 문제가 있는 것 같아요.
### 洗衣机好像有问题。
Xǐyījī hǎoxiàng yǒu wèntí.

 세탁기가 또 고장 났어요.
### 洗衣机又出了毛病。
Xǐyījī yòu chūle máobìng.

> TIP! 옛날에 말의 건강 상태를 확인할 때 털(毛, máo)을 확인했는데, 구불거리거나 숱이 적은 상태를 毛病이라고 했어요. 현재는 毛病을 사람이나 물건에 사용하여 '결점, 문제가 있음'을 말해요.

## (2) 고장 증상 말하기

 작동이 안 돼요.
### 它启动不了了。
Tā qǐdòng buliǎo le.

 어제부터 작동이 안 돼요.
### 从昨天开始启动不了了。
Cóng zuótiān kāishǐ qǐdòng buliǎo le.

 세탁기 탈수가 안 돼요.
### 洗衣机不能脱水了。
Xǐyījī bùnéng tuōshuǐ le.

**단어**

洗衣机 xǐyījī 세탁기  坏 huài 고장 나다  出毛病 chū máobìng 고장이 나다  启动 qǐdòng 작동하다  ……不了 ……buliǎo ~할 수 없다
脱水 tuōshuǐ 탈수되다, 수분이 빠지다

# 상황별 단어 활용해서 말해보기

각 상황별로 활용할 수 있는 단어를 따라 읽으며 익힌 후, 음성을 들으며 활용문장을 보고 중국인처럼 큰 소리로 따라 말해 보세요. 그리고 스스로 단어를 조합해 더 많은 활용문장을 큰 소리로 말해 보세요.

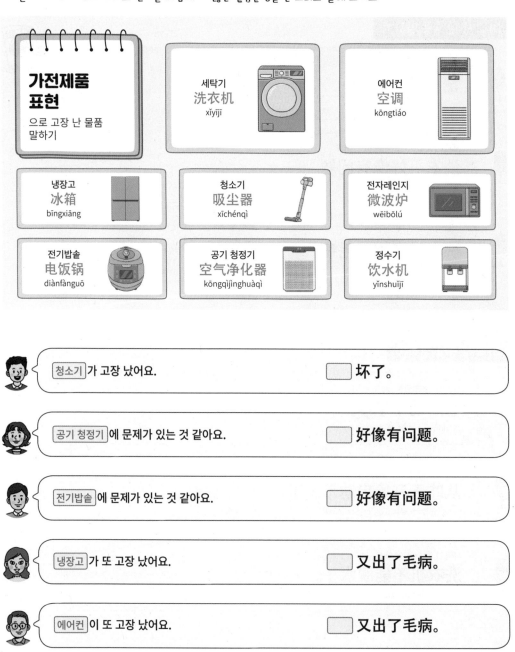

**가전제품 표현**
으로 고장 난 물품 말하기

세탁기
洗衣机
xǐyījī

에어컨
空调
kōngtiáo

냉장고
冰箱
bīngxiāng

청소기
吸尘器
xīchénqì

전자레인지
微波炉
wēibōlú

전기밥솥
电饭锅
diànfànguō

공기 청정기
空气净化器
kōngqìjìnghuàqì

정수기
饮水机
yǐnshuǐjī

청소기 가 고장 났어요.　　　　　　坏了。

공기 청정기 에 문제가 있는 것 같아요.　　好像有问题。

전기밥솥 에 문제가 있는 것 같아요.　　好像有问题。

냉장고 가 또 고장 났어요.　　　　　又出了毛病。

에어컨 이 또 고장 났어요.　　　　　又出了毛病。

## 고장 표현

으로 고장 증상 말하기

작동이 안 된다
**启动不了了**
qǐdòng buliǎo le

켜지지 않는다
**开不了机**
kāi buliǎo jī

소음이 너무 크다
**声音太大了**
shēngyīn tài dà le

발열이 너무 심하다
**发热太严重**
fārè tài yánzhòng

타는 냄새가 나다
**有股烧焦味**
yǒu gǔ shāojiāo wèi

불이 안 들어온다
**灯不亮了**
dēng bú liàng le

타는 냄새가 나 요.      它 ⬜。

발열이 너무 심해 요.      它 ⬜。

어제부터 켜지지 않아 요.      从昨天开始 ⬜。

어제부터 불이 안 들어와 요.      从昨天开始 ⬜。

어제부터 소음이 너무 커 요.      从昨天开始 ⬜。

**DAY 13** 세탁기 또 말썽이야! - A/S 센터에 수리 예약 전화하기    **81**

# 실제 회화 술술 말해보기

대화를 보며 지훈이처럼 말해본 후, 음성을 들으며 중국인처럼 한 번 더 따라 말해 보세요. 마지막으로 본인이 하고 싶은 말을 내 맘대로 말해 보세요.

## 1 청소기에서 타는 냄새가 난다고 A/S 센터에 말하기

您好，这里是三三电子售后服务中心。
직원

지훈
안녕하세요, 저희 집 청소기가 또 고장 났어요.

有什么问题?
직원

지훈
타는 냄새가 나요. 언제 오셔서 수리해 주실 수 있나요? 빠르면 빠를수록 좋아요.

好的，我尽快帮你预约维修服务。
직원

---

직원: 您好，这里是三三电子售后服务中心。
지훈: 你好，我家吸尘器又出了毛病。
직원: 有什么问题?
지훈: 它有股烧焦味。你们什么时候可以来修?
　　　越快越好。
직원: 好的，我尽快帮你预约维修服务。

직원: 안녕하세요, 산산 전자 A/S 센터입니다.
지훈: 안녕하세요, 저희 집 청소기가 또 고장 났어요.
직원: 어떤 문제가 있죠?
지훈: 타는 냄새가 나요. 언제 오셔서 수리해 주실 수 있나요?
　　　빠르면 빠를수록 좋아요.
직원: 네, 가능한 한 빨리 수리 서비스 예약해 드리겠습니다.

您好，这里是三三电子售后服务中心。

직원

지훈

안녕하세요, 에어컨이 어제부터 작동이 안 돼요. 수리할 수 있을까요?

什么时候在哪儿买的？

직원

지훈

6개월 전 왕푸징점에서 샀어요. 언제 오셔서 수리해 주실 수 있나요?

我尽快帮你预约维修服务。

직원

DAY 13

해커스 중국어회화 10분의 기적 상황별로 말하기

---

직원: 您好，这里是三三电子售后服务中心。
지훈: 你好，空调从昨天开始启动不了了。可以维修吗？
직원: 什么时候在哪儿买的？
지훈: 6个月前在王府井店买的。
　　　你们什么时候可以来修？
직원: 我尽快帮你预约维修服务。

직원: 안녕하세요, 산산 전자 A/S 센터입니다.
지훈: 안녕하세요, 에어컨이 어제부터 작동이 안 돼요.
　　　수리할 수 있을까요?
직원: 언제 어디서 구매하셨어요?
지훈: 6개월 전 왕푸징점에서 샀어요.
　　　언제 오셔서 수리해 주실 수 있나요?
직원: 가능한 한 빨리 수리 서비스 예약해 드리겠습니다.

# 길 제대로 알려 줬겠지?

길거리에서 길 알려 주기

🎧 상황별
회화 말하기

---

저기 앞에서 나를 보며 머뭇거리시는 여자분…… 왠지 나에게 길을 물어볼 것만 같다. 친절하게 알려 줘야지!

---

행인

请问，从这里到华联该怎么走?

Qǐngwèn, cóng zhèli dào Huálián gāi zěnme zǒu?

실례합니다, 여기서 화롄까지 어떻게 가야 하나요?

지훈

**坐地铁就行。** ──────────────────────── (1) 교통수단 알려 주기

Zuò dìtiě jiù xíng.

지하철 타시면 돼요.

행인

不能走过去吗? 那边离这儿有多远?

Bùnéng zǒu guòqu ma? Nàbian lí zhèr yǒu duō yuǎn?

걸어서는 못 가나요? 거기 여기서 얼마나 멀어요?

지훈

3公里左右，走路比较远。

Sān gōnglǐ zuǒyòu, zǒulù bǐjiào yuǎn.

3km 정도요, 걷기엔 비교적 멀어요.

打车也可以，但路会有点儿堵。

Dǎchē yě kěyǐ, dàn lù huì yǒudiǎnr dǔ.

택시 타셔도 괜찮아요, 근데 길이 조금 막힐 수 있어요.

행인

那还是坐地铁吧。地铁站在哪儿?

Nà háishi zuò dìtiě ba. Dìtiězhàn zài nǎr?

그럼 지하철 타는 게 더 좋겠네요. 지하철역은 어디에 있어요?

지훈

**向前走3分钟就能到。** ──────────── (2) 방향 설명해 주기

Xiàng qián zǒu sān fēnzhōng jiù néng dào.

앞으로 3분만 걸어가시면 도착해요.

请问 qǐngwèn 실례합니다
从……到…… cóng…… dào……
~에서 ~까지
华联 Huálián 화롄(중국 백화점)
地铁 dìtiě 지하철
走过去 zǒu guòqu 걸어가다,
건너가다
……过去 ……guòqu ~하며
나아가다 [부록 p.201]
离 lí ~로부터 떨어지다
公里 gōnglǐ 킬로미터(km)
左右 zuǒyòu 정도, 안팎
走路 zǒulù 걷다, 가다
比较 bǐjiào 비교적 [부록 p.201]
打车 dǎchē 택시를 타다
堵 dǔ 막히다, 막다
还是 háishi ~하는 게 더 좋다
向 xiàng ~으로, ~을 향해
分钟 fēnzhōng 분

# 상황별 활용문장 익히기

각 세부 상황별로 활용할 수 있는 문장들을 처음 한 번은 또박또박 천천히 따라 읽고 그다음 두 번은 중국인처럼 큰 소리로 따라 말해 보세요.

## (1) 교통수단 알려 주기

 지하철 타시면 돼요.
**坐地铁就行。**
Zuò dìtiě jiù xíng.

 TIP! 坐는 본래 '앉다'라는 뜻이지만, 대중교통과 함께 사용할 때에는 '~을 타다'라는 뜻으로 사용된답니다.

 지하철 타시는 게 비교적 편리해요.
**坐地铁比较方便。**
Zuò dìtiě bǐjiào fāngbiàn.

 지하철 타고 가시는 게 제일 빨라요.
**坐地铁去是最快的。**
Zuò dìtiě qù shì zuì kuài de.

## (2) 방향 설명해 주기

 앞으로 3분만 걸어가면 도착해요.
**向前走3分钟就能到。**
Xiàng qián zǒu sān fēnzhōng jiù néng dào.

 앞으로 쭉 가면 보여요.
**一直往前走就能看到。**
Yìzhí wǎng qián zǒu jiù néng kàndào.

 다음 신호등에서 우회전하세요.
**在下一个红绿灯右拐。**
Zài xià yí ge hónglǜdēng yòu guǎi.

TIP! 중국에서는 길을 알려줄 때 사거리보단 신호등 단위로 자주 말해요. "다음 사거리에서 우회전하면 돼요"보다는 "다음 신호등에서 우회전하면 돼요."라고 말한답니다.

단어

**地铁** dìtiě 지하철　**比较** bǐjiào 비교적　**方便** fāngbiàn 편리하다　**向** xiàng ~으로, ~을 향해　**分钟** fēnzhōng 분　**一直** yìzhí 쭉, 똑바로
**往** wǎng ~으로, ~을 향해　**红绿灯** hónglǜdēng 신호등　**右** yòu 우측, 오른쪽　**拐** guǎi (방향을) 바꾸다

해커스 중국어회화 10분의 기적 상황표현 말하기

# 상황별 단어 활용해서 말해보기

각 상황별로 활용할 수 있는 단어를 따라 읽으며 익힌 후, 음성을 들으며 활용문장을 보고 중국인처럼 큰 소리로 따라 말해 보세요. 그리고 스스로 단어를 조합해 더 많은 활용문장을 큰 소리로 말해 보세요.

**교통수단 표현**

으로 교통수단 알려 주기

지하철 타다
坐地铁
zuò dìtiě

택시 타다
打的/坐出租车
dǎdī / zuò chūzūchē

버스 타다
坐公交车/坐公共汽车
zuò gōngjiāochē / zuò gōnggòng qìchē

기차 타다
坐火车
zuò huǒchē

고속 철도 타다
坐高铁
zuò gāotiě

비행기 타다
坐飞机/乘飞机
zuò fēijī/chéng fēijī

배 타다
坐船/搭船/乘船
zuò chuán/dā chuán/chéng chuán

---

[ 비행기 타 ]시면 돼요.      [　] 就行。

[ 택시 타 ]시면 돼요.      [　] 就行。

[ 버스 타 ]시는 게 비교적 편리해요.      [　] 比较方便。

[ 지하철 타 ]시는 게 비교적 편리해요.      [　] 比较方便。

[ 고속 철도 타 ]고 가시는 게 제일 빨라요.      [　] 去是最快的。

## 방향 표현

으로 방향 설명해 주기

| | | |
|---|---|---|
| | 앞/앞쪽 前 qián | 뒤/뒤쪽 后 hòu |
| 좌/왼쪽 左 zuǒ | 우/오른쪽 右 yòu | 동/동쪽 东 dōng |
| 서/서쪽 西 xī | 남/남쪽 南 nán | 북/북쪽 北 běi |

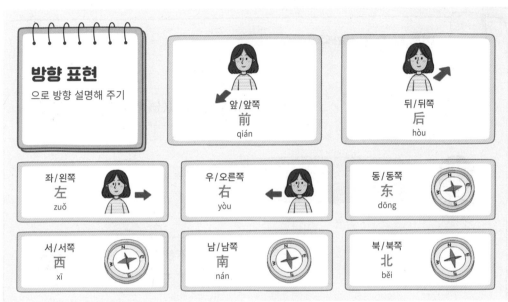

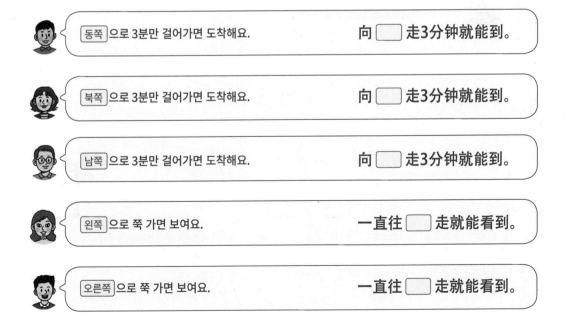

[동쪽]으로 3분만 걸어가면 도착해요.  向 ⬜ 走3分钟就能到。

[북쪽]으로 3분만 걸어가면 도착해요.  向 ⬜ 走3分钟就能到。

[남쪽]으로 3분만 걸어가면 도착해요.  向 ⬜ 走3分钟就能到。

[왼쪽]으로 쭉 가면 보여요.  一直往 ⬜ 走就能看到。

[오른쪽]으로 쭉 가면 보여요.  一直往 ⬜ 走就能看到。

# 실제 회화 술술 말해보기

대화를 보며 지훈이처럼 말해본 후, 음성을 들으며 중국인처럼 한 번 더 따라 말해 보세요. 마지막으로 본인이 하고 싶은 말을 내 맘대로 말해 보세요.

## 1 버스 타면 편리하다고 말하기

행인: 请问，从这里到华联该怎么走?

지훈: 버스 타시는 게 비교적 편리해요.

행인: 不能走过去吗?

지훈: 걷기엔 비교적 멀어요.

---

행인: 请问，从这里到华联该怎么走?
지훈: 坐公交车比较方便。
행인: 不能走过去吗?
지훈: 走路比较远。

행인: 실례합니다, 여기서 화롄까지 어떻게 가야 하나요?
지훈: 버스 타시는 게 비교적 편리해요.
행인: 걸어서는 못 가나요?
지훈: 걷기엔 비교적 멀어요.

## 2 지하철이 제일 빠르다하고 북쪽으로 가라고 알려 주기

请问，从这里到华联该怎么走？
행인

지훈
지하철 타고 가시는 게 제일 빨라요.

不能走过去吗？
행인

지훈
걷기엔 비교적 멀어요.

好的，地铁站在哪儿？
행인

지훈
북쪽으로 쭉 가면 보여요.

---

행인: 请问，从这里到华联该怎么走？
지훈: 坐地铁去是最快的。
행인: 不能走过去吗？
지훈: 走路比较远。
행인: 好的，地铁站在哪儿？
지훈: 一直往北走就能看到。

행인: 실례합니다, 여기서 화롄까지 어떻게 가야 하나요?
지훈: 지하철 타고 가시는 게 제일 빨라요.
행인: 걸어서는 못 가나요?
지훈: 걷기엔 비교적 멀어요.
행인: 네, 지하철역은 어디에 있어요?
지훈: 북쪽으로 쭉 가면 보여요.

# 시간이 해결해 줄 거야

이별에 대해 얘기하기

 🎧 상황별
회화 말하기

얼마 전에 루루 언니가 봐 준 운세가 정말 현실이 될 줄이야. 정말 마음이 너무 심란하고 답답하다. 하…… 루루 언니랑 술 한잔하며 훌훌 털어 버려야지.

---

 수진
**昨天我和他分手了。**
Zuótiān wǒ hé tā fēnshǒule.
나 어제 걔랑 헤어졌어.

 루루
**不会吧，怎么回事?**
Bú huì ba, zěnme huí shì?
말도 안 돼, 어떻게 된 일이야?

 수진
**因为性格不合而分手了。**
Yīnwèi xìnggé bù hé ér fēnshǒule.
성격이 안 맞았기 때문에 헤어졌어.

(1) 헤어진 이유 말하기

 루루
**唉，真没想到。别太伤心。**
Ài, zhēn méi xiǎngdào. Bié tài shāngxīn.
아이고, 진짜 생각하지 못했다. 너무 슬퍼하지 마.

 수진
**心里堵得慌，很难受。**
Xīnli dǔ de huāng, hěn nánshòu.
마음이 답답하고, 괴롭다.

 루루
**一切都会好起来的，不要想得太复杂。**
Yíqiè dōu huì hǎo qǐlai de, búyào xiǎng de tài fùzá.
다 괜찮아질 거야, 너무 복잡하게 생각하지 마.

**我给你介绍男生! 你喜欢什么类型的?**
Wǒ gěi nǐ jièshào nánshēng! Nǐ xǐhuan shénme lèixíng de?
내가 남자 소개해 줄게! 너 어떤 스타일 좋아해?

 수진
**只要善良就好。**
Zhǐyào shànliáng jiù hǎo.
착하기만 하면 돼.

(2) 소개받고 싶은 사람의 성격 말하기

**但我现在不想谈恋爱，你先给我点时间。**
Dàn wǒ xiànzài bù xiǎng tán liàn'ài, nǐ xiān gěi wǒ diǎn shíjiān.
하지만 지금은 연애하고 싶지 않아, 먼저 나한테 시간을 좀 줘.

 루루
**好的。**
Hǎo de.
알겠어.

分手 fēnshǒu 헤어지다
怎么回事 zěnme huí shì 어떻게 된 일이야
因为……而…… yīnwèi……ér…… ~때문에 ~하다 [부록 p.202]
性格 xìnggé 성격
合 hé 맞다, 부합하다
没想到 méi xiǎngdào 생각하지 못하다
伤心 shāngxīn 슬퍼하다, 상심하다

心里 xīnli 마음
堵得慌 dǔ de huāng 답답하다
难受 nánshòu 괴롭다
一切 yíqiè 다, 모두
好起来 hǎo qǐlai 괜찮아지다, 좋아지다
复杂 fùzá 복잡하다
介绍 jièshào 소개하다
类型 lèixíng 스타일, 유형
只要……就…… zhǐyào……jiù…… ~하기만 하면 ~하다 [부록 p.202]
善良 shànliáng 착하다
谈恋爱 tán liàn'ài 연애하다

# 상황별 활용문장 익히기

각 세부 상황별로 활용할 수 있는 문장들을 처음 한 번은 또박또박 천천히 따라 읽고 그다음 두 번은 중국인처럼 큰 소리로 따라 말해 보세요.

## (1) 헤어진 이유 말하기

성격이 안 맞았기 때문에 헤어졌어.
**因为性格不合而分手了。**
Yīnwèi xìnggé bù hé ér fēnshǒule.

TIP! 因为 뒤에는 원인을 쓰고 而 뒤에는 결과를 써요.

성격이 안 맞아서 우린 헤어졌어.
**性格不合导致我们分手。**
Xìnggé bù hé dǎozhì wǒmen fēnshǒu。

걔 바람피웠어.
**他劈腿了。**
Tā pǐtuǐle.

## (2) 소개받고 싶은 사람의 성격 말하기

착하기만 하면 돼.
**只要善良就好。**
Zhǐyào shànliáng jiù hǎo.

난 착한 사람이 좋아.
**我喜欢善良的人。**
Wǒ xǐhuan shànliáng de rén.

TIP! 高富帅(gāofùshuài, 키 크고 돈 많고 잘생긴 남자), 白富美(báifùměi, 피부 하얗고 돈 많고 예쁜 여자), 富二代(fù'èrdài, 재벌 2세) 로도 이상형을 말하기도 해요.

착한 사람이 내 이상형이야.
**善良的人是我的理想型。**
Shànliáng de rén shì wǒ de lǐxiǎngxíng.

단어
**因为……而……** yīnwèi……ér…… ~때문에 ~하다　**性格** xìnggé 성격　**合** hé 맞다, 부합하다　**分手** fēnshǒu 헤어지다
**导致** dǎozhì 야기하다, 초래하다　**劈腿** pǐtuǐ 바람피우다　**只要……就……** zhǐyào……jiù…… ~하기만 하면 ~하다　**善良** shànliáng 착하다
**理想型** lǐxiǎngxíng 이상형

# 상황별 단어 활용해서 말해보기

각 상황별로 활용할 수 있는 단어를 따라 읽으며 익힌 후, 음성을 들으며 활용문장을 보고 중국인처럼 큰 소리로 따라 말해 보세요. 그리고 스스로 단어를 조합해 더 많은 활용문장을 큰 소리로 말해 보세요.

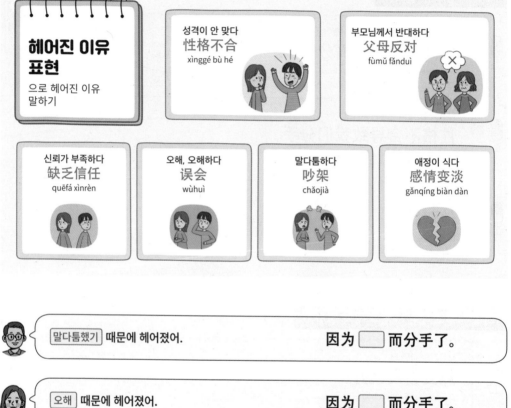

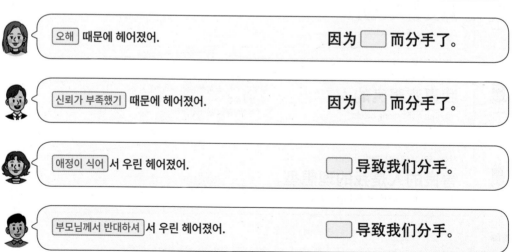

## 성격 표현

으로 소개받고 싶은
사람의 성격 말하기

착하다
**善良**
shànliáng

긍정적이다, 낙관적이다
**乐观**
lèguān

다정다감하다
**体贴**
tǐtiē

유머러스하다
**幽默**
yōumò

성실하다
**诚实**
chéngshí

활발하다
**活泼**
huópō

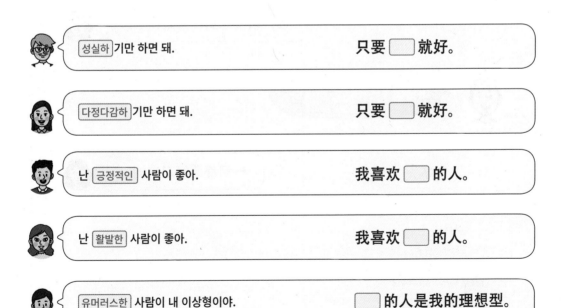

성실하 기만 하면 돼.　　　　只要 ⬜ 就好。

다정다감하 기만 하면 돼.　　　只要 ⬜ 就好。

난 긍정적인 사람이 좋아.　　　我喜欢 ⬜ 的人。

난 활발한 사람이 좋아.　　　　我喜欢 ⬜ 的人。

유머러스한 사람이 내 이상형이야.　⬜ 的人是我的理想型。

# 실제 회화 술술 말해보기

대화를 보며 수진이처럼 말해본 후, 음성을 들으며 중국인처럼 한 번 더 따라 말해 보세요. 마지막으로 본인이 하고 싶은 말을 내 맘대로 말해 보세요.

## 1  부모님 반대로 헤어졌다고 말하기

수진: 나 어제 걔랑 헤어졌어.

루루: 不会吧，怎么回事?

수진: 부모님께서 반대하셔서 우린 헤어졌어.

루루: 唉，真没想到。别太伤心。

수진: 마음이 답답하고, 괴롭다.

루루: 一切都会好起来的。

---

수진: 昨天我和他分手了。
루루: 不会吧，怎么回事?
수진: 父母反对导致我们分手。
루루: 唉，真没想到。别太伤心。
수진: 心里堵得慌，很难受。
루루: 一切都会好起来的。

수진: 나 어제 걔랑 헤어졌어.
루루: 말도 안 돼, 어떻게 된 일이야?
수진: 부모님께서 반대하셔서 우린 헤어졌어.
루루: 아이고, 진짜 생각하지 못했다. 너무 슬퍼하지 마.
수진: 마음이 답답하고, 괴롭다.
루루: 다 괜찮아질 거야.

## 2    오해 때문에 헤어졌고 다정다감한 사람이 내 이상형이라고 말하기

수진

> 나 어제 걔랑 헤어졌어.

루루

> 不会吧，怎么回事?

수진

> 오해 때문에 헤어졌어.

루루

> 唉，真没想到。别太伤心。
> 我给你介绍男生! 你喜欢什么类型的?

수진

> 다정다감한 사람이 내 이상형이야.

루루

> 好的。

---

수진: 昨天我和他分手了。

루루: 不会吧，怎么回事?

수진: 因为误会而分手了。

루루: 唉，真没想到。别太伤心。
　　　我给你介绍男生! 你喜欢什么类型的?

수진: 体贴的人是我的理想型。

루루: 好的。

수진: 나 어제 걔랑 헤어졌어.

루루: 말도 안 돼, 어떻게 된 일이야?

수진: 오해 때문에 헤어졌어.

루루: 아이고, 진짜 생각하지 못했다. 너무 슬퍼하지 마.
　　　내가 남자 소개해 줄게! 너 어떤 스타일 좋아해?

수진: 다정다감한 사람이 내 이상형이야.

루루: 알겠어.

**DAY 15** 시간이 해결해 줄 거야 - 이별에 대해 얘기하기　**95**

DAY 15

해커스 중국어회화 10분의 기적 상황표현 말하기

# 그 영화를 안 봤다고?

영화에 대해 얘기하기

🎧 상황별
회화 말하기

얼마 전에 <해리 포터> 시리즈를 정주행했는데, 너무너무 재미있었다. '윙가르디움 레비오우사'. 아! 그러고 보니 지훈이 영화 되게 좋아하던데, <해리 포터>도 당연히 봤겠지?

---

**智勋, 你看《哈利波特》系列了没有?**
Zhìxūn, nǐ kàn "Hālìbōtè" xìliè le méiyǒu?
지훈아, 너 <해리 포터> 시리즈 봤어?

**没有。**
Méiyǒu.
아니.

**不会吧! 你那么喜欢看电影, 不会没看过吧。**
Bú huì ba! Nǐ nàme xǐhuan kàn diànyǐng, bú huì méi kànguo ba.
말도 안 돼! 너 영화 보는 거 그렇게 좋아하는데, 안 봤을 리가 없어.

**那个不是奇幻片吗? 好看吗?**
Nàge bú shì qíhuànpiàn ma? Hǎokàn ma?
그거 판타지 영화 아니야? 재미있어?

**很有意思, 太让人紧张了。**
Hěn yǒu yìsi, tài ràng rén jǐnzhāng le.
재미있어, 엄청 긴장하게 해.

(1) 영화 소감 말하기

**我不喜欢奇幻片。**
Wǒ bù xǐhuan qíhuànpiàn.
나 판타지 영화 안 좋아해.

**是吗? 那你喜欢什么类型的电影?**
Shì ma? Nà nǐ xǐhuan shénme lèixíng de diànyǐng?
그래? 그럼 어떤 장르의 영화 좋아하는데?

**我爱看犯罪片。 啊, 好久没去电影院了。**
Wǒ ài kàn fànzuìpiàn. Ā, hǎojiǔ méi qù diànyǐngyuàn le.
난 범죄 영화 즐겨 봐. 아, 영화관 안 간 지 오래됐네.

(2) 어떤 장르의 영화
좋아하는지 말하기

**那我们去看电影吧。**
Nà wǒmen qù kàn diànyǐng ba.
그럼 우리 영화 보러 가자.

**你想去的话, 我来订票。**
Nǐ xiǎng qù dehuà, wǒ lái dìng piào.
너 가고 싶으면, 내가 표 예매할게.

哈利波特 Hālìbōtè 해리 포터(영화)
系列 xìliè 시리즈, 계열
电影 diànyǐng 영화
不会没…… bú huì méi……
안 ~했을 리가 없다 [부록 p.203]

奇幻片 qíhuànpiàn 판타지 영화
有意思 yǒu yìsi 재미있다
让 ràng ~가 ~하게 하다 [부록 p.203]
紧张 jǐnzhāng 긴장해 있다
类型 lèixíng 장르, 유형
犯罪片 fànzuìpiàn 범죄 영화
好久 hǎojiǔ 오래다
电影院 diànyǐngyuàn 영화관
……的话 ……dehuà ~하면, ~이면
来 lái 동사 앞에 놓여 어떤 일을
능동적으로 혹은 적극적으로
시도함을 나타냄
订票 dìng piào 표를 예매하다

# 상황별 활용문장 익히기

각 세부 상황별로 활용할 수 있는 문장들을 처음 한 번은 또박또박 천천히 따라 읽고 그다음 두 번은 중국인처럼 큰 소리로 따라 말해 보세요.

## (1) 영화 소감 말하기

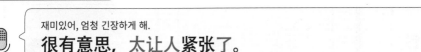

재미있어, 엄청 긴장하게 해.

**很有意思，太让人紧张了。**

Hěn yǒu yìsi, tài ràng rén jǐnzhāng le.

보는 동안 내내 긴장했어.

**看的过程中我一直感到紧张。**

Kàn de guòchéng zhōng wǒ yìzhí gǎndào jǐnzhāng.

별로야, 그래도 지루하진 않아.

**一般般，但不无聊。**

Yìbānbān, dàn bù wúliáo.

## (2) 어떤 장르의 영화 좋아하는지 말하기

나는 범죄 영화 즐겨 봐.

**我爱看犯罪片。**

Wǒ ài kàn fànzuìpiàn.

난 범죄 영화 보는 거 정말 좋아해.

**我特别喜欢看犯罪片。**

Wǒ tèbié xǐhuan kàn fànzuìpiàn.

난 판타지 영화 제외하고, 다른 건 다 좋아해.

**除了奇幻片，别的我都喜欢。**

Chúle qíhuànpiàn, bié de wǒ dōu xǐhuan.

---

단어

有意思 yǒu yìsi 재미있다　让 ràng ~가 ~하게 하다　紧张 jǐnzhāng 긴장해 있다　过程 guòchéng 과정　一直 yìzhí 내내, 계속
一般般 yìbānbān 별로다, 보통이다　无聊 wúliáo 지루하다　犯罪片 fànzuìpiàn 범죄 영화　除了…… chúle…… ~을 제외하고
奇幻片 qíhuànpiàn 판타지 영화　别的 bié de 다른

# 상황별 단어 활용해서 말해보기

각 상황별로 활용할 수 있는 단어를 따라 읽으며 익힌 후, 음성을 들으며 활용문장을 보고 중국인처럼 큰 소리로 따라 말해 보세요. 그리고 스스로 단어를 조합해 더 많은 활용문장을 큰 소리로 말해 보세요.

**감정 표현**
으로 영화 소감 말하기

긴장하다
紧张
jǐnzhāng

무섭다
害怕
hàipà

슬프다
悲伤
bēishāng

즐겁다
开心
kāixīn

웃기다
可笑
kěxiào

지루하다
无聊
wúliáo

---

재미있어, 엄청 [무섭]게 해.

很有意思，太让人 ▢ 了。

재미있어, 엄청 [웃기]게 해.

很有意思，太让人 ▢ 了。

재미있어, 엄청 [긴장]하게 해.

很有意思，太让人 ▢ 了。

보는 동안 내내 [즐거웠어].

看的过程中我一直感到 ▢。

보는 동안 내내 [슬펐어].

看的过程中我一直感到 ▢。

## 영화 장르 표현

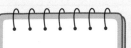

으로 어떤 장르의 영화 좋아하는지 말하기

범죄 영화
犯罪片
fànzuìpiàn

멜로 영화
爱情片
àiqíngpiàn

액션 영화
动作片
dòngzuòpiàn

시대극 영화
古装片
gǔzhuāngpiàn

공포 영화
恐怖片
kǒngbùpiàn

코미디 영화
喜剧片
xǐjùpiàn

SF 영화,
공상 과학 영화
科幻片
kēhuànpiàn

애니메이션 영화
动画片
dònghuàpiàn

 나는 [ 액션 영화 ] 즐겨 봐.　　　　　　我爱看 ☐ 。

 나는 [ 공포 영화 ] 즐겨 봐.　　　　　　我爱看 ☐ 。

 나는 [ 멜로 영화 ] 즐겨 봐.　　　　　　我爱看 ☐ 。

 난 [ 코미디 영화 ] 보는 거 정말 좋아해.　　我特别喜欢看 ☐ 。

난 [ 애니메이션 영화 ] 보는 거 정말 좋아해.　我特别喜欢看 ☐ 。

# 실제 회화 술술 말해보기

대화를 보며 수진이 또는 지훈이처럼 말해본 후, 음성을 들으며 중국인처럼 한 번 더 따라 말해 보세요. 마지막으로 본인이 하고 싶은 말을 내 맘대로 말해 보세요.

## 1 〈해리 포터〉를 보는 동안 내내 즐거웠다고 말하기

수진

> 지훈아, 너 <해리 포터> 시리즈 봤어?

> 没有。

지훈

수진

> 말도 안 돼! 너 영화 보는 거 그렇게 좋아하는데, 안 봤을 리가 없어.

> 那个不是奇幻片吗? 好看吗?

지훈

수진

> 보는 동안 내내 즐거웠어.

---

수진: 智勋，你看《哈利波特》系列了没有?
지훈: 没有。
수진: 不会吧! 你那么喜欢看电影，不会没看过吧。
지훈: 那个不是奇幻片吗? 好看吗?
수진: 看的过程中我一直感到开心。

수진: 지훈아, 너 <해리 포터> 시리즈 봤어?
지훈: 아니.
수진: 말도 안 돼! 너 영화 보는 거 그렇게 좋아하는데, 안 봤을 리가 없어.
지훈: 그거 판타지 영화 아니야? 재미있어?
수진: 보는 동안 내내 즐거웠어.

## 2  공포 영화 보는 거 정말 좋아한다고 말하기

智勋，你看《哈利波特》系列了没有？

수진

아니, 그거 판타지 영화 아니야? 재미있어?

지훈

很有意思，太让人紧张了。

수진

나 판타지 영화 안 좋아해. 난 공포 영화 보는 거 정말 좋아해. 아, 영화관 안 간지 오래됐네.

지훈

那我们去看电影吧。我来订票。

수진

---

수진: 智勋，你看《哈利波特》系列了没有？
지훈: 没有，那个不是奇幻片吗？好看吗？
수진: 很有意思，太让人紧张了。
지훈: 我不喜欢奇幻片。我特别喜欢看恐怖片。
　　　 啊，好久没去电影院了。
수진: 那我们去看电影吧。我来订票。

수진: 지훈아, 너 <해리 포터> 시리즈 봤어?
지훈: 아니, 그거 판타지 영화 아니야? 재미있어?
수진: 재미있어, 엄청 긴장하게 해.
지훈: 나 판타지 영화 안 좋아해. 난 공포 영화 보는 거 정말
　　　 좋아해. 아, 영화관 안 간지 오래됐네.
수진: 그럼 우리 영화 보러 가자. 내가 표 예매할게.

# 육즙이 살아 있네~!

레스토랑에서 스테이크 주문하기

🎧 상황별
회화 말하기

> 레스토랑 가서 혼자 스테이크 써는 나라 여자 참 대단하다. 스테이크는 자고로 육즙이
> 살아 있는 미디엄이지! 하…… 배고파서 현기증 난다. 빨리 시켜야지~

종업원

**您想要点菜吗?**
Nín xiǎng yào diǎn cài ma?
주문하시겠습니까?

수진

**我要一份五分熟的菲力牛排和一瓶啤酒。**
Wǒ yào yí fèn wǔ fēn shú de fēilì niúpái hé yì píng píjiǔ.
안심스테이크 미디엄으로 하나 주시고 맥주 한 병 주세요.

(1) 스테이크 취향대로
주문하기

종업원

**好的，不过本店有名的不是啤酒而是葡萄酒。**
Hǎo de, búguò běn diàn yǒumíng de bú shì píjiǔ ér shì pútaojiǔ.
알겠습니다. 근데 저희 가게에서 유명한 것은 맥주가 아니라 와인입니다.

수진

**是吗？那推荐一下甜味的红葡萄酒吧。**
Shì ma? Nà tuījiàn yíxià tián wèi de hóng pútaojiǔ ba.
그래요? 그럼 달콤한 레드 와인 추천해 주세요.

(2) 와인 주문하기

종업원

**这个酒挺好的，您要试试吗？**
Zhège jiǔ tǐng hǎo de, nín yào shìshi ma?
이 술이 정말 괜찮아요, 드셔보시겠어요?

수진

**好，给我这个。**
Hǎo, gěi wǒ zhège.
네, 그걸로 주세요.

종업원

**请稍等，马上为您准备。**
Qǐng shāo děng, mǎshàng wèi nín zhǔnbèi.
잠시만 기다려 주세요, 바로 준비해 드리겠습니다.

**(吃完饭后)**
(Chīwán fàn hòu)
(식사 후)

수진

**服务员，结账！**
Fúwùyuán, jiézhàng!
저기요, 계산해 주세요!

**这是我的信用卡，请给我小票。**
Zhè shì wǒ de xìnyòngkǎ, qǐng gěi wǒ xiǎopiào.
여기 제 신용카드요, 영수증 주세요.

点 diǎn 주문하다
五分熟 wǔ fēn shú 미디엄
菲力 fēilì 안심
牛排 niúpái 스테이크
本 běn 자신의
店 diàn 가게, 상점
有名 yǒumíng 유명하다
不是……而是…… bú shì
ér shì…… ~가 아니라 ~이다
[부록 p.204]
葡萄酒 pútaojiǔ 와인
推荐 tuījiàn 추천하다
甜味 tián wèi 달콤한 맛
红葡萄酒 hóng pútaojiǔ 레드 와인
稍等 shāo děng 잠시 기다리다
马上 mǎshàng 바로, 곧 [부록 p.204]
为 wèi ~을 위하여
准备 zhǔnbèi 준비하다
结账 jiézhàng 계산하다
信用卡 xìnyòngkǎ 신용카드
小票 xiǎopiào 영수증

# 상황별 활용문장 익히기

각 세부 상황별로 활용할 수 있는 문장들을 처음 한 번은 또박또박 천천히 따라 읽고 그다음 두 번은 중국인처럼 큰 소리로 따라 말해 보세요.

## (1) 스테이크 취향대로 주문하기

안심스테이크 미디엄으로 하나 주세요.
**我要一份五分熟的菲力牛排。**
Wǒ yào yí fèn wǔ fēn shú de fēilì niúpái.

> TIP! 分은 퍼센트(%)를 의미하고 熟는 '익히다'라는 의미로, 五分熟는 50% 익혀졌다는 뜻이에요.

안심스테이크 미디엄으로 하나 주세요.
**来一个五分熟的菲力牛排。**
Lái yí ge wǔ fēn shú de fēilì niúpái.

안심스테이크 미디엄으로 하나 주세요.
**给我一份五分熟的菲力牛排。**
Gěi wǒ yí fèn wǔ fēn shú de fēilì niúpái.

## (2) 와인 주문하기

달콤한 레드 와인 추천해 주세요.
**推荐一下甜味的红葡萄酒吧。**
Tuījiàn yí xià tián wèi de hóng pútaojiǔ ba.

달콤한 레드 와인 있어요?
**有没有甜味的红葡萄酒?**
Yǒu méiyǒu tián wèi de hóng pútaojiǔ?

도수 낮은 레드 와인 한 잔 주세요.
**给我一杯度数低的红葡萄酒。**
Gěi wǒ yì bēi dùshu dī de hóng pútaojiǔ.

---

단어

**五分熟** wǔ fēn shú 미디엄 **菲力** fēilì 안심 **牛排** niúpái 스테이크 **推荐** tuījiàn 추천하다 **甜味** tián wèi 달콤한 맛 **红葡萄酒** hóng pútaojiǔ 레드 와인
**度数** dùshu 도수 **低** dī 낮다

# 상황별 단어 활용해서 말해보기

각 상황별로 활용할 수 있는 단어를 따라 읽으며 익힌 후, 음성을 들으며 활용문장을 보고 중국인처럼 큰 소리로 따라 말해 보세요. 그리고 스스로 단어를 조합해 더 많은 활용문장을 큰 소리로 말해 보세요.

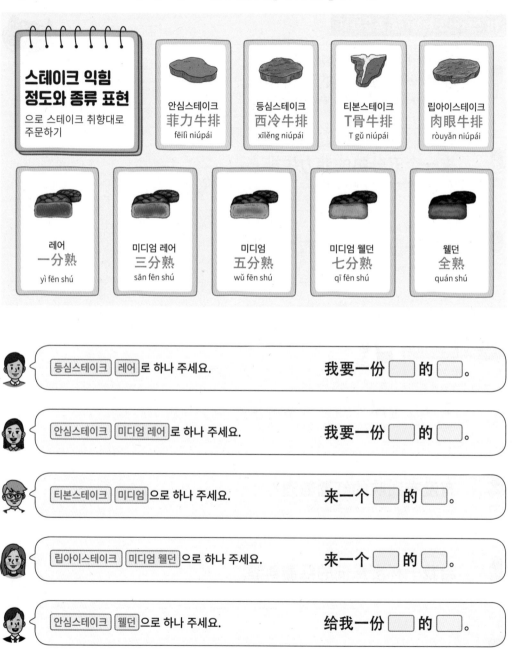

| | |
|---|---|
| **스테이크 익힘 정도와 종류 표현** | |
| 으로 스테이크 취향대로 주문하기 | |

안심스테이크
菲力牛排
fēilì niúpái

등심스테이크
西冷牛排
xīlěng niúpái

티본스테이크
T骨牛排
T gǔ niúpái

립아이스테이크
肉眼牛排
ròuyǎn niúpái

레어
一分熟
yì fēn shú

미디엄 레어
三分熟
sān fēn shú

미디엄
五分熟
wǔ fēn shú

미디엄 웰던
七分熟
qī fēn shú

웰던
全熟
quán shú

등심스테이크 레어 로 하나 주세요.　　　我要一份 ☐ 的 ☐。

안심스테이크 미디엄 레어 로 하나 주세요.　　我要一份 ☐ 的 ☐。

티본스테이크 미디엄 으로 하나 주세요.　　来一个 ☐ 的 ☐。

립아이스테이크 미디엄 웰던 으로 하나 주세요.　来一个 ☐ 的 ☐。

안심스테이크 웰던 으로 하나 주세요.　　给我一份 ☐ 的 ☐。

## 와인의 맛과 종류 표현
으로 와인 주문하기

| 달콤한 맛 甜味 tián wèi | 떫은맛 涩味 sè wèi | 과일 맛 果味 guǒ wèi | 신맛 酸味 suān wèi |

| 풀바디 酒体较重 jiǔ tǐ jiào zhòng | 라이트바디 酒体较轻 jiǔ tǐ jiào qīng | 레드 와인 红葡萄酒 hóng pútaojiǔ | 화이트 와인 白葡萄酒 bái pútaojiǔ |

| 스파클링 와인 低泡葡萄酒 dī pào pútaojiǔ | 샴페인 香槟 xiāngbīn | 하우스 와인 家常葡萄酒 jiācháng pútaojiǔ |

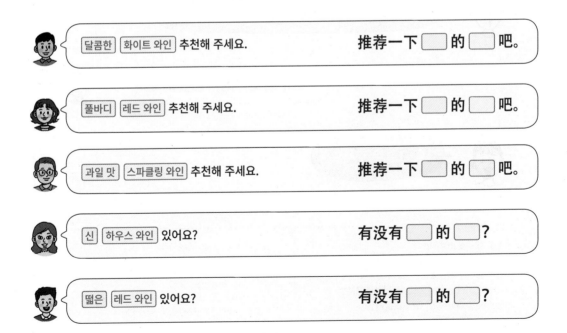

| 달콤한 | 화이트 와인 추천해 주세요. | 推荐一下 ☐ 的 ☐ 吧。 |

| 풀바디 | 레드 와인 추천해 주세요. | 推荐一下 ☐ 的 ☐ 吧。 |

| 과일 맛 | 스파클링 와인 추천해 주세요. | 推荐一下 ☐ 的 ☐ 吧。 |

| 신 | 하우스 와인 있어요? | 有没有 ☐ 的 ☐？ |

| 떫은 | 레드 와인 있어요? | 有没有 ☐ 的 ☐？ |

# 실제 회화 술술 말해보기

대화를 보며 수진이처럼 말해본 후, 음성을 들으며 중국인처럼 한 번 더 따라 말해 보세요. 마지막으로 본인이 하고 싶은 말을 내 맘대로 말해 보세요.

**1** 등심스테이크 웰던으로 주문하고 달콤한 레드 와인 주문하기

您想要点菜吗?
종업원

수진
등심스테이크 웰던으로 하나 주시고 맥주 한 병 주세요.

好的，不过本店有名的不是啤酒而是葡萄酒。
종업원

수진
그래요? 그럼 달콤한 레드 와인 추천해 주세요.

这个酒挺好的，您要试试吗?
종업원

수진
네, 그걸로 주세요.

수진

---

종업원: 您想要点菜吗?
수진: 来一个全熟的西冷牛排和一瓶啤酒。
종업원: 好的，不过本店有名的不是啤酒而是葡萄酒。
수진: 是吗? 那推荐一下甜味的红葡萄酒吧。
종업원: 这个酒挺好的，您要试试吗?
수진: 好，给我这个。

종업원: 주문하시겠습니까?
수진: 등심스테이크 웰던으로 하나 주시고 맥주 한 병 주세요.
종업원: 알겠습니다, 근데 저희 가게에서 유명한 것은 맥주가 아니라 와인입니다.
수진: 그래요? 그럼 달콤한 레드 와인 추천해 주세요.
종업원: 이 술이 정말 괜찮아요, 드셔보시겠어요?
수진: 네, 그걸로 주세요.

## 2 립아이스테이크 미디엄으로 주문하고 와인 추천받기

您想要点菜吗?

종업원

수진

립아이스테이크 미디엄으로 주세요,
과일 맛 화이트 와인 있어요?

这个酒挺好的, 您要试试吗?

종업원

수진

네, 그걸로 주세요.

请稍等, 马上为您准备。

종업원

---

종업원: 您想要点菜吗?
수진: 我要一份五分熟的肉眼牛排,
　　　有没有果味的白葡萄酒?
종업원: 这个酒挺好的, 您要试试吗?
수진: 好, 给我这个。
종업원: 请稍等, 马上为您准备。

종업원: 주문하시겠습니까?
수진: 립아이스테이크 미디엄으로 하나 주세요,
　　　과일 맛 화이트 와인 있어요?
종업원: 이 와인이 정말 괜찮아요, 드셔보시겠어요?
수진: 네, 그걸로 주세요.
종업원: 잠시만 기다려 주세요, 바로 준비해 드리겠습니다.

# 옷에 또 커피를 쏟았네

세탁소에 옷 맡기기

상황별
회화 말하기

하루가 멀다 하고 옷에 커피를 흘려 동네 세탁소에 자주 가다 보니 단골이 되었다.
할인 혜택이 있는 선불 카드가 없었으면 어쩔 뻔했는지…… 드라이 맡기면서 이참에
구멍 난 패딩도 수선해 달라 해야겠다.

---

수진
**老板，您好！**
Lǎobǎn, nín hǎo!
사장님, 안녕하세요!

사장님
**你来了？好久不见。**
Nǐ láile? Hǎojiǔ bújiàn.
왔니? 오랜만이구나.

수진
嗯，**请把这件衣服干洗一下。**
Ng, qǐng bǎ zhè jiàn yīfu gānxǐ yíxià.
네, 이 옷 드라이클리닝 좀 해 주세요.

(1) 옷 맡기기

**衣服沾上了咖啡渍。这是羊绒的，请注意点。**
Yīfu zhānshàngle kāfēi zì. Zhè shì yángróng de, qǐng zhùyì diǎn.
옷에 커피 얼룩이 졌어요. 이거 캐시미어예요, 조심해 주세요.

(2) 옷 소재 말하기

사장님
**我会注意的，你别担心。还有别的衣服吗？**
Wǒ huì zhùyì de, nǐ bié dānxīn. Hái yǒu bié de yīfu ma?
주의하마, 걱정하지 말렴. 다른 옷 더 있니?

수진
**嗯，这件羽绒服破了一个洞，所以要修补。**
Ng, zhè jiàn yǔróngfú pòle yí ge dòng, suǒyǐ yào xiūbǔ.
네, 이 패딩 구멍이 나서, 수선해야 해요.

**修完后还要清洗一下。**
Xiūwán hòu hái yào qīngxǐ yíxià.
수선 끝낸 후 깨끗하게 세탁 좀 해 주시고요.

사장님
**知道了。**
Zhīdào le.
알았다.

수진
**那我什么时候能取衣服？**
Nà wǒ shénme shíhou néng qǔ yīfu?
그럼 저 언제 옷 찾을 수 있어요?

사장님
**后天晚上吧。**
Hòutiān wǎnshang ba.
모레 저녁에 오렴.

老板 lǎobǎn 사장, 주인
好久不见 hǎojiǔ bújiàn
오랜만이다
干洗 gānxǐ 드라이클리닝하다
沾上 zhānshàng (얼룩) 지다
渍 zì 얼룩
羊绒 yángróng 캐시미어
注意 zhùyì 조심하다, 주의하다
别 bié ~하지 마라 [부록 p.205]
担心 dānxīn 걱정하다, 염려하다
羽绒服 yǔróngfú 패딩
破 pò 찢어지다
洞 dòng 구멍
修补 xiūbǔ 수선하다, 보수하다
修完 xiūwán 수선을 끝내다
……完 ……wán ~을 끝낸다
完 ~하다 [부록 p.205]
清洗 qīngxǐ 깨끗하게 세탁하다,
깨끗하게 씻다
取 qǔ 찾다

# 상황별 활용문장 익히기

각 세부 상황별로 활용할 수 있는 문장들을 처음 한 번은 또박또박 천천히 따라 읽고 그다음 두 번은 중국인처럼 큰 소리로 따라 말해 보세요.

## (1) 옷 맡기기

이 옷 드라이클리닝 좀 해 주세요.
**请把这件衣服干洗一下。**
Qǐng bǎ zhè jiàn yīfu gānxǐ yíxià.

이 옷 드라이클리닝 되죠?
**这件衣服可以干洗吧?**
Zhè jiàn yīfu kěyǐ gānxǐ ba?

이 옷 또 드라이클리닝해야 해요.
**这件衣服还得再干洗一遍。**
Zhè jiàn yīfu hái děi zài gānxǐ yí biàn.

## (2) 옷 소재 말하기

이거 캐시미어예요.
**这是羊绒的。**
Zhè shì yángróng de.

> TIP! 羊绒의 绒은 '융모'라는 뜻으로,
> 기모는 拉绒(lāróng), 코듀로이는
> 灯芯绒(dēngxīnróng)이라고 말해요.

이 옷은 캐시미어예요.
**这件衣服是羊绒做的。**
Zhè jiàn yīfu shì yángróng zuò de.

이거 100% 캐시미어예요.
**这是纯羊绒的。**
Zhè shì chún yángróng de.

> TIP! 纯은 본래 '순수하다'라는
> 뜻이지만, 옷 소재와 함께 쓰면
> '100%', '순수'라는 뜻이에요.

단어
干洗 gānxǐ 드라이클리닝하다  羊绒 yángróng 캐시미어  纯 chún 순수하다

# 상황별 단어 활용해서 말해보기

각 상황별로 활용할 수 있는 단어를 따라 읽으며 익힌 후, 음성을 들으며 활용문장을 보고 중국인처럼 큰 소리로 따라 말해 보세요. 그리고 스스로 단어를 조합해 더 많은 활용문장을 큰 소리로 말해 보세요.

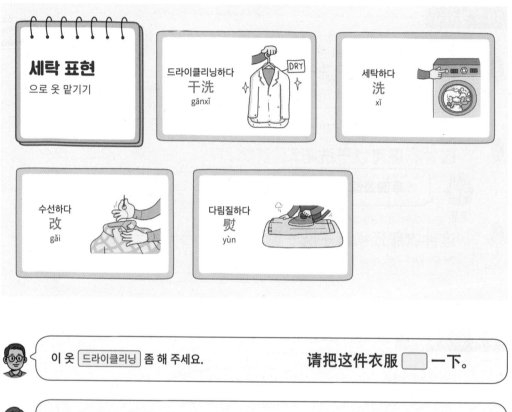

**세탁 표현**
으로 옷 맡기기

드라이클리닝하다
干洗
gānxǐ

세탁하다
洗
xǐ

수선하다
改
gǎi

다림질하다
熨
yùn

이 옷 [드라이클리닝] 좀 해 주세요.　　　请把这件衣服 ☐ 一下。

이 옷 [수선] 좀 해 주세요.　　　请把这件衣服 ☐ 一下。

이 옷 [수선] 되죠?　　　这件衣服可以 ☐ 吧?

이 옷 또 [세탁] 해야 해요.　　　这件衣服还得再 ☐ 一遍。

이 옷 또 [다림질] 해야 해요.　　　这件衣服还得再 ☐ 一遍。

## 옷 소재 표현

으로 옷 소재 말하기

| 캐시미어 羊绒 yángróng | 면 棉布 miánbù |
|---|---|
| 울/모직 羊毛 yángmáo | 실크/비단 丝绸 sīchóu | 나일론 尼龙 nílóng |
| 리넨 亚麻 yàmá | 오리털 鸭绒 yāróng | 거위 털 鹅绒 éróng |

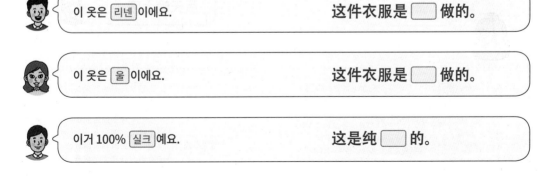

이거 [나일론] 이에요.   这是 ☐ 的。

이거 [오리털] 이에요.   这是 ☐ 的。

이 옷은 [리넨] 이에요.   这件衣服是 ☐ 做的。

이 옷은 [울] 이에요.   这件衣服是 ☐ 做的。

이거 100% [실크] 예요.   这是纯 ☐ 的。

# 실제 회화 술술 말해보기

대화를 보며 수진이처럼 말해본 후, 음성을 들으며 중국인처럼 한 번 더 따라 말해 보세요. 마지막으로 본인이 하고 싶은 말을 내 맘대로 말해 보세요.

---

**1** 또 세탁해야 할 것 같다고 말하기

수진: 사장님, 안녕하세요!

사장님: 你来了? 好久不见。

수진: 네, 이 옷 또 세탁해야 해요.

사장님: 知道了。

수진: 그럼 저 언제 옷 찾을 수 있어요?

사장님: 后天晚上吧。

---

수진: 老板，您好!
사장님: 你来了? 好久不见。
수진: 嗯，这件衣服还得再洗一遍。
사장님: 知道了。
수진: 那我什么时候能取衣服?
사장님: 后天晚上吧。

수진: 사장님, 안녕하세요!
사장님: 왔니? 오랜만이구나.
수진: 네, 이 옷 또 세탁해야 해요.
사장님: 알았다.
수진: 그럼 저 언제 옷 찾을 수 있어요?
사장님: 모레 저녁에 오렴.

## 2 실크 100%라고 조심해 달라고 말하기

수진

**사장님, 안녕하세요!**

**你来了? 好久不见。**

사장님

수진

**옷에 커피 얼룩이 졌어요.**
**이거 100% 실크예요, 조심해 주세요.**

**我会注意的, 你别担心。**

사장님

수진

**그럼 저 언제 옷 찾을 수 있어요?**

**后天晚上吧。**

사장님

---

수진: 老板，您好！
사장님: 你来了? 好久不见。
수진: 衣服沾上了咖啡渍。这是纯丝绸的，请注意点。
사장님: 我会注意的, 你别担心。
수진: 那我什么时候能取衣服？
사장님: 后天晚上吧。

수진: 사장님, 안녕하세요!
사장님: 왔니? 오랜만이구나.
수진: 옷에 커피 얼룩이 졌어요.
　　　이거 100% 실크예요, 조심해 주세요.
사장님: 주의하마, 걱정하지 말렴.
수진: 그럼 저 언제 옷 찾을 수 있어요?
사장님: 모레 저녁에 오렴.

# 올림픽 축구, 우승 가자~!

스포츠에 대해 얘기하기

🎧 상황별
회화 말하기

올림픽은 지구촌 축제여서 중국 TV에서도 여러 나라의 경기를 중계해 준다. 어제는 한국 축구 경기를 하는 날이라 챙겨 봤는데, 경기 내용이 정말 훌륭했다! 준영이도 당연히 경기 봤겠지?

---

### 你看奥运会足球赛了没有?
Nǐ kàn Àoyùnhuì zúqiú sài le méiyǒu?
너 올림픽 축구 경기 봤어?

### 我做兼职所以没来得及看。谁赢了?
Wǒ zuò jiānzhí suǒyǐ méi láidejí kàn. Shéi yíng le?
나 아르바이트해서 볼 시간이 없었어. 누가 이겼어?

### 门将上半场防守得好。
Ménjiàng shàngbànchǎng fángshǒu de hǎo.
골키퍼가 전반전에 잘 막아 냈어.

### 朴智星下半场踢得好，还获得了任意球机会。
Piáo Zhìxīng xiàbànchǎng tī de hǎo, hái huòdéle rènyì qiú jīhuì.
박지성이 후반전에 잘 찼어, 게다가 프리킥 기회까지 얻어냈어.

### 到底谁赢了?
Dàodǐ shéi yíngle?
도대체 누가 이겼냐고?

### 韩国赢了。
Hánguó yíngle.
한국이 이겼어.

### 说结果不就行了！我们会拿金牌吧。
Shuō jiéguǒ bú jiù xíng le! Wǒmen huì ná jīnpái ba.
결과만 말하면 되는 거 아냐! 우리 금메달 따겠는데.

### 应该可以！但韩国队的主力被绊倒后，受轻伤了。
Yīnggāi kěyǐ! Dàn Hánguó duì de zhǔlì bèi bàndǎo hòu, shòu qīng shāng le.
가능할 듯! 근데 한국 팀 에이스가 태클 때문에 넘어진 후, 가벼운 부상을 입었어.

### 不行啊，下一场比赛获胜了才能进决赛啊……
Bùxíng a, xià yì chǎng bǐsài huòshèng le cái néng jìn juésài a……
안 돼, 다음번 경기에서 이겨야 결승전 갈 수 있는데……

---

### (1) 경기 봤는지 물어보기

奥运会 Àoyùnhuì 올림픽
兼职 jiānzhí 아르바이트, 겸직
来得及 láidejí ~할 시간이 있다
赢 yíng 이기다
门将 ménjiàng 골키퍼
上半场 shàngbànchǎng 전반전
防守 fángshǒu 막아서 지키다
朴智星 Piáo Zhìxīng 박지성
下半场 xiàbànchǎng 후반전
踢 tī (발로) 차다
得 de 동작이나 상태의 정도를
　더 구체적으로 꾸며줌 [부록 p.206]
获得 huòdé 얻다, 획득하다
任意球 rènyì qiú 프리킥
机会 jīhuì 기회
到底 dàodǐ 도대체
结果 jiéguǒ 결과
拿 ná 타다, 얻다
金牌 jīnpái 금메달
队 duì 팀
主力 zhǔlì 에이스, 주력
被 bèi ~에게 ~당하다 [부록 p.206]
绊倒 bàndǎo (발에 걸려) 넘어지다
轻伤 qīng shāng 가벼운 부상, 경상
获胜 huòshèng 이기다
决赛 juésài 결승전

### (2) 팀 성적 예측하기

# 상황별 활용문장 익히기

각 세부 상황별로 활용할 수 있는 문장들을 처음 한 번은 또박또박 천천히 따라 읽고 그다음 두 번은 중국인처럼 큰 소리로 따라 말해 보세요.

## (1) 경기 봤는지 물어보기

너 올림픽 축구 경기 봤어?
## 你看奥运会足球赛了没有?
Nǐ kàn Àoyùnhuì zúqiú sài le méiyǒu?

> **TIP!** 올림픽의 정식 명칭은 奥林匹克运动会 (Àolínpǐkè yùndònghuì)지만, 奥林匹克 (Àolínpǐkè) 또는 奥运会라고 줄여서 말해요.

너 축구 경기 봤어?
## 你有没有看足球比赛?
Nǐ yǒu méiyǒu kàn zúqiú bǐsài?

너 월드컵 16강전 봤어?
## 你看没看世界杯16强足球赛?
Nǐ kàn méi kàn Shìjièbēi shíliù qiáng zúqiú sài?

> **TIP!** 월드컵은 世界杯足球赛 (Shìjièbēi zúqiú sài)라고 하고, 줄여서 世界杯라고 해요.

## (2) 팀 성적 예측하기

우리 금메달 따겠는데.
## 我们会拿金牌吧。
Wǒmen huì ná jīnpái ba.

우리 금메달 딸 수 있겠지?
## 我们应该能拿金牌吧?
Wǒmen yīnggāi néng ná jīnpái ba?

이번에 금메달 딸 수 있겠는데!
## 这次一定能拿金牌吧!
Zhè cì yídìng néng ná jīnpái ba!

---

단어

**奥运会** Àoyùnhuì 올림픽  **赛** sài 경기  **比赛** bǐsài 경기, 시합  **世界杯** Shìjièbēi 월드컵  **强** qiáng (토너먼트) 강, 강전  **拿** ná 타다, 얻다
**金牌** jīnpái 금메달

# 상황별 단어 활용해서 말해보기

각 상황별로 활용할 수 있는 단어를 따라 읽으며 익힌 후, 음성을 들으며 활용문장을 보고 중국인처럼 큰 소리로 따라 말해 보세요. 그리고 스스로 단어를 조합해 더 많은 활용문장을 큰 소리로 말해 보세요.

**스포츠 표현**
으로 경기 봤는지 물어보기

축구
足球
zúqiú

농구
篮球
lánqiú

야구
棒球
bàngqiú

수영
游泳
yóuyǒng

배드민턴
羽毛球
yǔmáoqiú

테니스
网球
wǎngqiú

탁구
乒乓球
pīngpāngqiú

배구
排球
páiqiú

핸드볼
手球
shǒuqiú

육상
田径
tiánjìng

너 올림픽 [축구] 경기 봤어?　　你看奥运会 ☐ 赛了没有?

너 올림픽 [배드민턴] 경기 봤어?　　你看奥运会 ☐ 赛了没有?

너 올림픽 [야구] 경기 봤어?　　你看奥运会 ☐ 赛了没有?

너 [핸드볼] 경기 봤어?　　你有没有看 ☐ 比赛?

너 [테니스] 경기 봤어?　　你有没有看 ☐ 比赛?

## 경기 성적 관련 표현
으로 팀 성적 예측하기

금메달을 따다
**拿金牌**
ná jīnpái

은메달을 따다
**拿银牌**
ná yínpái

동메달을 따다
**拿铜牌**
ná tóngpái

우승하다
**拿冠军**
ná guànjūn

준우승하다
**拿亚军**
ná yàjūn

결승전에 진출하다
**进入决赛**
jìnrù juésài

우리 금메달 따 겠는데.

我们会 ☐ 吧。

우리 은메달 따 겠는데.

我们会 ☐ 吧。

우리 우승 할 수 있겠지?

我们应该能 ☐ 吧?

우리 결승전에 진출 할 수 있겠지?

我们应该能 ☐ 吧?

이번에 동메달 딸 수 있겠는데!

这次一定能 ☐ 吧!

# 실제 회화 술술 말해보기

대화를 보며 지훈이 또는 준영이처럼 말해본 후, 음성을 들으며 중국인처럼 한 번 더 따라 말해 보세요. 마지막으로 본인이 하고 싶은 말을 내 맘대로 말해 보세요.

---

**1**  올림픽 야구 경기 봤는지 물어보고 한국이 이겼다고 말하기

지훈

> 너 올림픽 야구 경기 봤어?

> 我做兼职所以没来得及看。谁赢了？

준영

지훈

> 한국이 이겼어.

> 我们会拿金牌吧。

준영

지훈

> 가능할 듯!

---

지훈: 你看奥运会棒球赛了没有？
준영: 我做兼职所以没来得及看。谁赢了？
지훈: 韩国赢了。
준영: 我们会拿金牌吧。
지훈: 应该可以！

지훈: 너 올림픽 야구 경기 봤어?
준영: 나 아르바이트해서 볼 시간이 없었어. 누가 이겼어?
지훈: 한국이 이겼어.
준영: 우리 금메달 따겠는데.
지훈: 가능할 듯!

## 2 축구 경기 어느 팀이 이겼는지 물어보고 결승전 진출할 수 있겠다고 말하기

준영

너 축구 경기 봤어? 누가 이겼어?

韩国赢了。

지훈

준영

와! 우리 결승전에 진출하겠다.

应该可以! 但韩国队的主力被绊倒后，受轻伤了。

지훈

준영

안 돼, 다음번 경기에서 이겨야 결승전 갈 수 있는데……

放心吧，肯定没问题。

지훈

---

준영: 你有没有看足球比赛？谁赢了？
지훈: 韩国赢了。
준영: 哇！我们应该能进入决赛吧。
지훈: 应该可以! 但韩国队的主力被绊倒后，受轻伤了。
준영: 不行啊，下一场比赛获胜了才能进决赛啊……
지훈: 放心吧，肯定没问题。

준영: 너 축구 경기 봤어? 누가 이겼어?
지훈: 한국이 이겼어.
준영: 와! 우리 결승전에 진출하겠다.
지훈: 가능할 듯! 근데 한국 팀 에이스가 태클 때문에 넘어진 후,
　　　가벼운 부상을 입었어.
준영: 안 돼, 다음번 경기에서 이겨야 결승전 갈 수 있는데……
지훈: 안심해, 반드시 문제 없을 거야.

# 선물 고르기 어려워

가족 생일 선물 구매하기

🎧 상황별
회화 말하기

---

곧 여동생 생일인데, 어떤 선물을 사면 좋을까? 어디 괜찮은 선물 추천해주는 로봇 없나 ㅠㅠ? 아! 저번에 신발 살 때도 지훈이가 추천 잘 해 줬는데, 이번에도 한 번 도움을 구해볼까?

---

### 我要给妹妹买生日礼物，买什么好呢?
Wǒ yào gěi mèimei mǎi shēngrì lǐwù, mǎi shénme hǎo ne?
나 내 여동생 생일 선물 사야 하는데, 뭐가 좋을까?

### 我觉得耳环不错。
Wǒ juéde ěrhuán búcuò.
내 생각엔 귀걸이가 괜찮은 것 같아.

(1) 선물 뭐 할지 추천해 주기

### 她不喜欢戴首饰。
Tā bù xǐhuan dài shǒushì.
걔 액세서리 하는 거 안 좋아해.

### 是吗? 那边有化妆品店，我们去那儿选礼物吧。
Shì ma? Nàbian yǒu huàzhuāngpǐn diàn, wǒmen qù nàr xuǎn lǐwù ba.
진짜? 저쪽에 화장품 가게 있는데, 우리 저기 가서 선물 고르자.

### 好啊。
Hǎo a.
좋아.

(在化妆品店)
(Zài huàzhuāngpǐn diàn)
(화장품 가게에서)

### 口红好还是气垫好?
Kǒuhóng hǎo háishi qìdiàn hǎo?
립스틱이 괜찮아 아니면 쿠션이 괜찮아?

(2) 선물 고르기

### 气垫看起来很不错，买这个吧。
Qìdiàn kàn qǐlai hěn búcuò, mǎi zhège ba.
쿠션 괜찮아 보이네, 이거 사자.

### 你好，给我一个这个。
Nǐ hǎo, gěi wǒ yí ge zhège.
저기요, 이거 하나 주세요.

### 我要送人，包装纸除了红色，还有别的吗?
Wǒ yào sòng rén, bāozhuāngzhǐ chúle hóngsè, hái yǒu bié de ma?
선물하려는데, 빨간색 제외하고, 다른 포장지 있어요?

---

# 상황별 활용문장 익히기

각 세부 상황별로 활용할 수 있는 문장들을 처음 한 번은 또박또박 천천히 따라 읽고 그다음 두 번은 중국인처럼 큰 소리로 따라 말해 보세요.

## (1) 선물 뭐 할지 추천해 주기

내 생각엔 귀걸이가 괜찮은 것 같아.
### 我觉得耳环不错。
Wǒ juéde ěrhuán búcuò.

예쁜 귀걸이 사자.
### 买好看的耳环吧。
Mǎi hǎokàn de ěrhuán ba.

귀걸이 추천해.
### 我推荐耳环。
Wǒ tuījiàn ěrhuán.

## (2) 선물 고르기

립스틱이 괜찮아 아니면 쿠션이 괜찮아?
### 口红好还是气垫好?
Kǒuhóng hǎo háishi qìdiàn hǎo?

립스틱 살까 아니면 쿠션 살까?
### 买口红还是买气垫?
Mǎi kǒuhóng háishi mǎi qìdiàn?

립스틱과 쿠션, 어떤 게 더 괜찮아?
### 口红和气垫, 哪个更好?
Kǒuhóng hé qìdiàn, nǎge gèng hǎo?

단어

耳环 ěrhuán 귀걸이　推荐 tuījiàn 추천하다　口红 kǒuhóng 립스틱　气垫 qìdiàn 쿠션

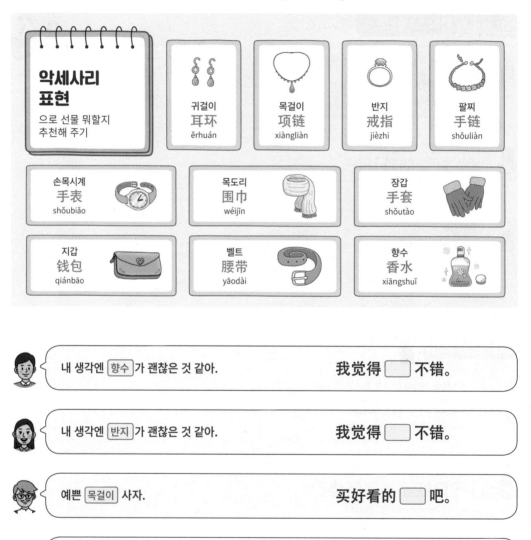

# 상황별 단어 활용해서 말해보기

각 상황별로 활용할 수 있는 단어를 따라 읽으며 익힌 후, 음성을 들으며 활용문장을 보고 중국인처럼 큰 소리로 따라 말해 보세요. 그리고 스스로 단어를 조합해 더 많은 활용문장을 큰 소리로 말해 보세요.

**악세사리 표현**

으로 선물 뭐할지 추천해 주기

| 귀걸이 耳环 ěrhuán | 목걸이 项链 xiàngliàn | 반지 戒指 jièzhi | 팔찌 手链 shǒuliàn |

손목시계 手表 shǒubiǎo
목도리 围巾 wéijīn
장갑 手套 shǒutào
지갑 钱包 qiánbāo
벨트 腰带 yāodài
향수 香水 xiāngshuǐ

내 생각엔 [향수]가 괜찮은 것 같아.      我觉得 ▢ 不错。

내 생각엔 [반지]가 괜찮은 것 같아.      我觉得 ▢ 不错。

예쁜 [목걸이] 사자.      买好看的 ▢ 吧。

예쁜 [지갑] 사자.      买好看的 ▢ 吧。

[팔찌] 추천해.      我推荐 ▢ 。

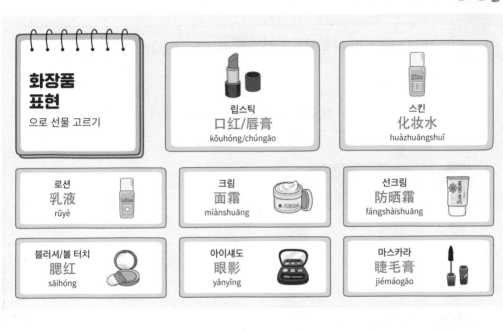

**화장품 표현**
으로 선물 고르기

립스틱
口红/唇膏
kǒuhóng/chúngāo

스킨
化妆水
huàzhuāngshuǐ

로션
乳液
rǔyè

크림
面霜
miànshuāng

선크림
防晒霜
fángshàishuāng

블러셔/볼 터치
腮红
sāihóng

아이섀도
眼影
yǎnyǐng

마스카라
睫毛膏
jiémáogāo

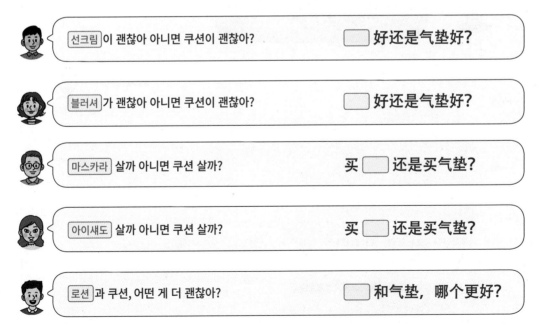

선크림 이 괜찮아 아니면 쿠션이 괜찮아?　　□好还是气垫好?

블러셔 가 괜찮아 아니면 쿠션이 괜찮아?　　□好还是气垫好?

마스카라 살까 아니면 쿠션 살까?　　买□还是买气垫?

아이섀도 살까 아니면 쿠션 살까?　　买□还是买气垫?

로션 과 쿠션, 어떤 게 더 괜찮아?　　□和气垫，哪个更好?

# 실제 회화 술술 말해보기

대화를 보며 지훈이 또는 수진이처럼 말해본 후, 음성을 들으며 중국인처럼 한 번 더 따라 말해 보세요. 마지막으로 본인이 하고 싶은 말을 내 맘대로 말해 보세요.

## 1 생일 선물로 팔찌 추천하고 화장품 가게도 구경해 보자고 하기

我要给妹妹买生日礼物，买什么好呢？
수진

지훈 예쁜 팔찌 사자.

她不喜欢戴首饰。
수진

지훈 진짜? 저쪽에 화장품 가게 있는데, 우리 저기 가서 선물 고르자.

好啊。
수진

---

수진: 我要给妹妹买生日礼物，买什么好呢？
지훈: 买好看的手链吧。
수진: 她不喜欢戴首饰。
지훈: 是吗？那边有化妆品店，我们去那儿选礼物吧。
수진: 好啊。

수진: 나 내 여동생 생일 선물 사야 하는데, 뭐가 좋을까?
지훈: 예쁜 팔찌 사자.
수진: 걔 액세서리 하는 거 안 좋아해.
지훈: 진짜? 저쪽에 화장품 가게 있는데, 우리 저기 가서
　　　선물 고르자.
수진: 좋아.

## 2 생일 선물로 여동생한테 블러셔 사줄지 쿠션 사줄지 고민하기

那边有化妆品店，我们去那儿选礼物吧。
지훈

좋아.
수진

(在化妆品店)

블러셔 살까 아니면 쿠션 살까?
수진

气垫看起来很不错，买这个吧。
지훈

저기요, 이거 하나 주세요.
수진

---

지훈: 那边有化妆品店，我们去那儿选礼物吧。
수진: 好啊。
(在化妆品店)
수진: 买腮红还是买气垫？
지훈: 气垫看起来很不错，买这个吧。
수진: 你好，给我一个这个。

지훈: 저쪽에 화장품 가게 있는데, 우리 저기 가서 선물 고르자.
수진: 좋아.
(화장품 가게에서)
수진: 블러셔 살까 아니면 쿠션 살까?
지훈: 쿠션 괜찮아 보이네, 이거 사자.
수진: 저기요, 이거 하나 주세요.

## DAY 21

# 오늘은 내가 셰프!

친구와 집에서 요리하기

상황별
회화 말하기

 수진이한테 별생각 없이 한국식 집밥을 먹고 싶다고 말했는데, 같이 직접 해 먹자고 해서 놀랐다. 일단 초대받아서 왔긴 왔는데, 얘는 진짜 할 줄 아는 거 맞나 모르겠네, 불안해……

 **你真的会做菜吗? 知道烹饪方法吗?**
Nǐ zhēn de huì zuò cài ma? Zhīdào pēngrèn fāngfǎ ma?
너 진짜 요리할 수 있어? 레시피 알아?

 **不需要知道烹饪方法!**
Bù xūyào zhīdào pēngrèn fāngfǎ!
레시피 알 필요 없어!

**少说废话, 把这块猪肉切成片, 炒一炒。** ———— (1) 조리법 말하기
Shǎo shuō fèihuà, bǎ zhè kuài zhūròu qiēchéng piàn, chǎo yi chǎo.
쓸데없는 말하지 말고, 이 돼지고기 슬라이스로 썰어서, 좀 볶아 줘.

 **啊, 还是不敢相信…… 然后呢?**
Ǎ, háishi bùgǎn xiāngxìn…… Ránhòu ne?
아, 못 믿겠는데…… 그다음엔?

 **然后放盐和胡椒, 这样就行了。** ———— (2) 넣어야 하는 양념 말하기
Ránhòu fàng yán hé hújiāo, zhèyàng jiù xíng le.
그다음에 소금이랑 후추 넣어, 그러면 돼.

 **真的? 没想到这么简单!**
Zhēn de? Méi xiǎngdào zhème jiǎndān!
진짜? 이렇게 간단한 줄은 생각하지 못했어!

**(吃完饭后)**
(Chīwán fàn hòu)
(밥을 다 먹은 후)

 **你最后做的炒菜真好吃。**
Nǐ zuìhòu zuò de chǎo cài zhēn hǎochī.
네가 마지막에 한 볶은 요리 진짜 맛있더라.

 **那个是汤!**
Nàge shì tāng!
그거 탕이야!

 **是, 是吗? 不好意思, 那我洗碗好了。**
Shì, shì ma? Bù hǎoyìsi, nà wǒ xǐ wǎn hǎo le.
그, 그래? 미안, 그럼 설거지는 내가 하면 되겠다.

**烹饪方法** pēngrèn fāngfǎ 레시피
(조리법)
**少说废话** shǎo shuō fèihuà
쓸데없는 말하지 마라
**把** bǎ ~을/를 [부록 p.208]
**块** kuài 덩어리, 조각(덩어리, 조각
모양의 물건을 세는 단위)
**猪肉** zhūròu 돼지고기
**切成** qiēchéng 잘라서 ~으로 만들다
**……成** ……chéng ~로 되다
[부록 p.208]
**片** piàn (평평하고 얇은) 슬라이스,
조각
**炒** chǎo 볶다
**不敢** bùgǎn 감히 ~하지 못하다
**相信** xiāngxìn 믿다
**然后** ránhòu 그다음에
**放** fàng 넣다
**盐** yán 소금
**胡椒** hújiāo 후추
**没想到** méi xiǎngdào 생각하지
못하다
**炒菜** chǎo cài 볶은 요리
**汤** tāng 탕
**不好意思** bù hǎoyìsi 미안합니다,
죄송합니다
**洗碗** xǐ wǎn 설거지하다

# 상황별 활용문장 익히기

각 세부 상황별로 활용할 수 있는 문장들을 처음 한 번은 또박또박 천천히 따라 읽고 그다음 두 번은 중국인처럼 큰 소리로 따라 말해 보세요.

## (1) 조리법 말하기

이 돼지고기 슬라이스로 썰어서, 좀 볶아 줘.

**把这块猪肉切成片，炒一炒。**

Bǎ zhè kuài zhūròu qiēchéng piàn, chǎo yi chǎo.

돼지고기 다 썬 후 좀 볶아 줘.

**切好猪肉之后炒一下。**

Qiēhǎo zhūròu zhīhòu chǎo yíxià.

썰어 놓은 돼지고기 좀 볶아 줘.

**帮我把切好的猪肉炒一下。**

Bāng wǒ bǎ qièhǎo de zhūròu chǎo yíxià.

## (2) 넣어야 하는 양념 말하기

그다음에 소금이랑 후추 넣어.

**然后放盐和胡椒。**

Ránhòu fàng yán hé hújiāo.

소금 먼저 넣고, 그다음에 후추 넣어.

**先放盐，然后放胡椒。**

Xiān fàng yán, ránhòu fàng hújiāo.

소금 한 숟가락이랑 후추 한 숟가락 넣어.

**加一勺盐和一勺胡椒。**

Jiā yì sháo yán hé yì sháo hújiāo.

**단어** 把 bǎ ~을/를　块 kuài 덩어리, 조각(덩어리, 조각 모양의 물건을 세는 단위)　猪肉 zhūròu 돼지고기　切成 qiēchéng 잘라서 ~으로 만들다
……成 ……chéng ~로 되다　片 piàn (평평하고 얇은) 슬라이스, 조각　炒 chǎo 볶다　切好 qiēhǎo 다 잘 자르다　然后 ránhòu 그다음에
放 fàng 넣다　盐 yán 소금　胡椒 hújiāo 후추　先 xiān 먼저　加 jiā 더하다　一勺 yì sháo 한 숟가락

# 상황별 단어 활용해서 말해보기

각 상황별로 활용할 수 있는 단어를 따라 읽으며 익힌 후, 음성을 들으며 활용문장을 보고 중국인처럼 큰 소리로 따라 말해 보세요. 그리고 스스로 단어를 조합해 더 많은 활용문장을 큰 소리로 말해 보세요.

| 조리법<br>표현<br><br>으로 조리법 말하기 | 볶다<br>炒<br>chǎo | 굽다<br>烤<br>kǎo |
|---|---|---|

| 튀기다<br>炸<br>zhá | 삶다<br>煮<br>zhǔ | 찌다<br>蒸<br>zhēng | 부치다<br>煎<br>jiān |
|---|---|---|---|

이 돼지고기 슬라이스로 썰어서, 좀 [구워] 줘.  把这块猪肉切成片，□ 一 □ 。

이 돼지고기 슬라이스로 썰어서, 좀 [볶아] 줘.  把这块猪肉切成片，□ 一 □ 。

돼지고기 다 썬 후 좀 [튀겨] 줘.  切好猪肉之后 □ 一下。

돼지고기 다 썬 후 좀 [구워] 줘.  切好猪肉之后 □ 一下。

썰어 놓은 돼지고기 좀 [삶아] 줘.  帮我把切好的猪肉 □ 一下。

**양념 표현**

으로 넣어야 하는
양념 말하기

| 소금 盐 yán | 후추 胡椒 hújiāo | 간장 酱油 jiàngyóu | 설탕 糖 táng |

| 고춧가루 辣椒粉 làjiāofěn | 식초 醋 cù | 된장 大酱 dàjiàng |

| 고추장 辣椒酱 làjiāojiàng | 참기름 香油 xiāngyóu | 케첩 番茄酱 fānqiéjiàng |

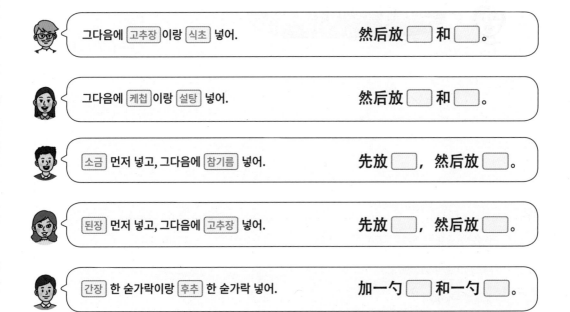

그다음에 [고추장]이랑 [식초] 넣어.     **然后放** ☐ **和** ☐。

그다음에 [케첩]이랑 [설탕] 넣어.     **然后放** ☐ **和** ☐。

[소금] 먼저 넣고, 그다음에 [참기름] 넣어.     **先放** ☐，**然后放** ☐。

[된장] 먼저 넣고, 그다음에 [고추장] 넣어.     **先放** ☐，**然后放** ☐。

[간장] 한 숟가락이랑 [후추] 한 숟가락 넣어.     **加一勺** ☐ **和一勺** ☐。

# 실제 회화 술술 말해보기

대화를 보며 수진이처럼 말해본 후, 음성을 들으며 중국인처럼 한 번 더 따라 말해 보세요. 마지막으로 본인이 하고 싶은 말을 내 맘대로 말해 보세요.

## 1 돼지고기 썰어서 구워 달라고 한 뒤, 설탕이랑 간장 넣어 달라 말하기

> 你真的会做菜吗? 知道烹饪方法吗?

 지훈

 수진

> 레시피 알 필요 없어! 쓸데없는 말하지 말고,
> 이 돼지고기 슬라이스로 썰어서, 좀 구워 줘.

> 啊, 还是不敢相信…… 然后呢?

 지훈

 수진

> 그다음에 설탕이랑 간장 넣어.

 수진

---

지훈: 你真的会做菜吗? 知道烹饪方法吗?
수진: 不需要知道烹饪方法! 少说废话,
　　　把这块猪肉切成片, 烤一烤。
지훈: 啊, 还是不敢相信…… 然后呢?
수진: 然后放糖和酱油。

지훈: 너 진짜 요리할 수 있어? 레시피 알아?
수진: 레시피 알 필요 없어! 쓸데없는 말하지 말고,
　　　이 돼지고기 슬라이스로 썰어서, 좀 구워 줘.
지훈: 아, 못 믿겠는데…… 그다음엔?
수진: 그다음에 설탕이랑 간장 넣어.

## 2 | 돼지고기 썰어서 튀겨 달라고 한 뒤, 간장이랑 참기름 한 숟가락 넣으라고 말하기

你真的会做菜吗? 知道烹饪方法吗?

지훈

수진

레시피 알 필요 없어! 쓸데없는 말하지 말고,
돼지고기 다 썬 후 좀 튀겨 줘.

啊, 还是不敢相信…… 然后呢?

지훈

수진

간장 한 숟가락이랑 참기름 한 숟가락 넣어.

---

지훈: 你真的会做菜吗? 知道烹饪方法吗?
수진: 不需要知道烹饪方法! 少说废话,
　　　切好猪肉之后炸一下。
지훈: 啊, 还是不敢相信…… 然后呢?
수진: 加一勺酱油和一勺香油。

지훈: 너 진짜 요리할 수 있어? 레시피 알아?
수진: 레시피 알 필요 없어! 쓸데없는 말하지 말고,
　　　돼지고기 다 썬 후 좀 튀겨 줘.
지훈: 아, 못 믿겠는데…… 그다음엔?
수진: 간장 한 숟가락이랑 참기름 한 숟가락 넣어.

# 마음에 드는 집 구할 수 있을까?

부동산에서 집 구하기

🎧상황별
회화 말하기

집 계약 만료일이 다가와 이사 준비를 해야 한다. 정해진 예산 안에서 마음에 드는 집을 찾는 건 항상 힘든 일이다. 오늘 보는 집들 중에 괜찮은 집이 있어 바로 계약했으면 좋겠다.

**您好，我想看房子，能推荐一下吗？**
Nín hǎo, wǒ xiǎng kàn fángzi, néng tuījiàn yíxià ma?
안녕하세요, 집 보고 싶은데, 추천해 주실 수 있나요?

**您想找什么样的房子？**
Nín xiǎng zhǎo shénme yàng de fángzi?
어떤 집 찾고 싶으세요?

**我正在找能和朋友一起住的，** <mark>阳台大一点的。</mark>
Wǒ zhèngzài zhǎo néng hé péngyou yìqǐ zhù de, yángtái dà yìdiǎn de.
제가 지금 친구랑 함께 살 수 있는 집 구하는 중인데, 베란다가 좀 큰 집이요.

— (1) 원하는 집 구조 말하기

**预算大概是多少？**
Yùsuàn dàgài shì duōshao?
예산은 대략 얼마죠?

**一个月不能超过5000块。**
Yí ge yuè bù néng chāoguò wǔ qiān kuài.
한 달에 5000위안 넘으면 안 돼요.

**还有别的要求吗？**
Hái yǒu bié de yāoqiú ma?
다른 요구 사항 더 있나요?

<mark>希望离地铁站近一点儿。</mark>
Xīwàng lí dìtiězhàn jìn yìdiǎnr.
지하철역에서 좀 가까우면 좋겠어요.

— (2) 원하는 주거 환경 말하기

**我觉得有两个房子还不错。**
Wǒ juéde yǒu liǎng ge fángzi hái búcuò.
제 생각엔 꽤 괜찮은 집이 두 곳 있는 거 같아요.

**要不要去看看？**
Yào bu yào qù kànkan?
보러 가실까요?

房子 fángzi 집
推荐 tuījiàn 추천하다
正在 zhèngzài ~하는 중이다 [부록 p.209]
阳台 yángtái 베란다, 발코니
预算 yùsuàn 예산
大概 dàgài 대략
超过 chāoguò 넘다, 초과하다
要求 yāoqiú 요구, 요구하다
离 lí ~로부터 떨어져 있다 [부록 p.209]
地铁站 dìtiězhàn 지하철역
不错 búcuò 괜찮다, 좋다

# 상황별 활용문장 익히기

각 세부 상황별로 활용할 수 있는 문장들을 처음 한 번은 또박또박 천천히 따라 읽고 그다음 두 번은 중국인처럼 큰 소리로 따라 말해 보세요.

## (1) 원하는 집 구조 말하기

베란다가 좀 큰 집이요.
**阳台大一点的。**
Yángtái dà yìdiǎn de.

베란다가 작지만 않으면 돼요.
**只要阳台不小就可以。**
Zhǐyào yángtái bù xiǎo jiù kěyǐ.

방 둘, 거실 하나, 주방 하나, 화장실 하나에, 남향이고 베란다 딸린 집이요.
**两室一厅一厨一卫，朝南带阳台的房子。**
Liǎng shì yì tīng yì chú yí wèi, cháo nán dài yángtái de fángzi.

> TIP! 室은 방을 뜻하고 厅은 거실을 말해요. 또 厨는 주방을 뜻하고 卫는 화장실을 말해요.

## (2) 원하는 주거 환경 말하기

지하철역에서 좀 가까우면 좋겠어요.
**希望离地铁站近一点儿。**
Xīwàng lí dìtiězhàn jìn yìdiǎnr.

근처에 지하철역이 있으면 좋겠어요.
**我希望附近有地铁站。**
Wǒ xīwàng fùjìn yǒu dìtiězhàn.

저는 비교적 조용한 환경이 좋아요.
**我喜欢比较安静的环境。**
Wǒ xǐhuan bǐjiào ānjìng de huánjìng.

**단어**

阳台 yángtái 베란다, 발코니　只要……就…… zhǐyào…… jiù…… ~하기만 하면 ~하다　朝 cháo ~으로 향하다　南 nán 남, 남쪽
带 dài 딸리다, 지니다　房子 fángzi 집　离 lí ~로부터 떨어져 있다　地铁站 dìtiězhàn 지하철역　附近 fùjìn 근처, 부근　比较 bǐjiào 비교적
安静 ānjìng 조용하다　环境 huánjìng 환경

# 상황별 단어 활용해서 말해보기

각 상황별로 활용할 수 있는 단어를 따라 읽으며 익힌 후, 음성을 들으며 활용문장을 보고 중국인처럼 큰 소리로 따라 말해 보세요. 그리고 스스로 단어를 조합해 더 많은 활용문장을 큰 소리로 말해 보세요.

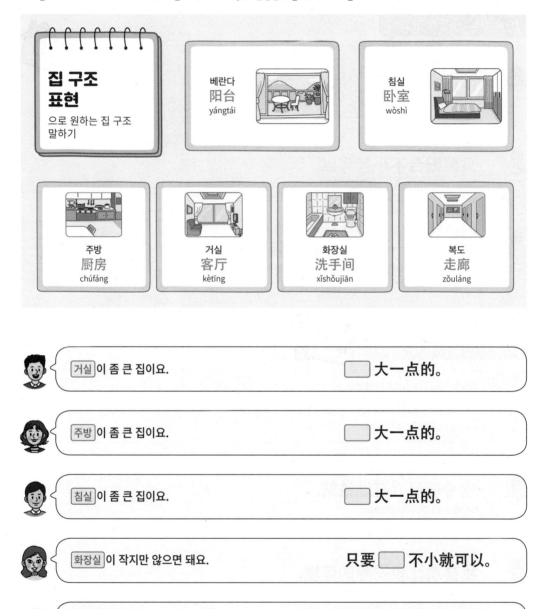

| | |
|---|---|
| **집 구조 표현**<br>으로 원하는 집 구조 말하기 | 베란다<br>**阳台**<br>yángtái |
| | 침실<br>**卧室**<br>wòshì |

주방<br>**厨房**<br>chúfáng

거실<br>**客厅**<br>kètīng

화장실<br>**洗手间**<br>xǐshǒujiān

복도<br>**走廊**<br>zǒuláng

[거실]이 좀 큰 집이요.　　　　　□**大一点的。**

[주방]이 좀 큰 집이요.　　　　　□**大一点的。**

[침실]이 좀 큰 집이요.　　　　　□**大一点的。**

[화장실]이 작지만 않으면 돼요.　　**只要**□**不小就可以。**

[베란다]가 작지만 않으면 돼요.　　**只要**□**不小就可以。**

## 주거 환경 표현

으로 원하는 주거 환경 말하기

지하철역
**地铁站**
dìtiězhàn

공원
**公园**
gōngyuán

마트
**超市**
chāoshì

대학 병원 급 병원
**三甲医院**
sān jiǎ yīyuàn

버스 정류장
**公交车站**
gōngjiāochēzhàn

쇼핑센터, 쇼핑몰
**购物中心**
gòu wù zhōngxīn

---

 버스 정류장 에서 좀 가까우면 좋겠어요.　　　希望离 ☐ 近一点儿。

 공원 에서 좀 가까우면 좋겠어요.　　　希望离 ☐ 近一点儿。

 근처에 쇼핑센터 가 있으면 좋겠어요.　　　我希望附近有 ☐ 。

 근처에 마트 가 있으면 좋겠어요.　　　我希望附近有 ☐ 。

 근처에 대학 병원 급 병원 이 있으면 좋겠어요.　　　我希望附近有 ☐ 。

# 실제 회화 술술 말해보기

대화를 보며 수진이처럼 말해본 후, 음성을 들으며 중국인처럼 한 번 더 따라 말해 보세요. 마지막으로 본인이 하고 싶은 말을 내 맘대로 말해 보세요.

## 1 주방이 큰 집 구하고 싶다고 말하기

수진: 안녕하세요, 집 보고 싶은데, 추천해 주실 수 있나요?

부동산 사장님: 您想找什么样的房子?

수진: 주방이 좀 큰 집이요.

부동산 사장님: 预算大概是多少?

수진: 한 달에 5000위안 넘으면 안 돼요.

부동산 사장님: 我觉得有两个房子还不错。
要不要去看看?

---

수진: 您好，我想看房子，能推荐一下吗?
부동산 사장님: 您想找什么样的房子?
수진: 厨房大一点的。
부동산 사장님: 预算大概是多少?
수진: 一个月不能超过5000块。
부동산 사장님: 我觉得有两个房子还不错。
要不要去看看?

수진: 안녕하세요, 집 보고 싶은데, 추천해 주실 수 있나요?
부동산 사장님: 어떤 집 찾고 싶으세요?
수진: 주방이 좀 큰집이요.
부동산 사장님: 예산은 대략 얼마죠?
수진: 한 달에 5000위안 넘으면 안 돼요.
부동산 사장님: 제 생각엔 꽤 괜찮은 집이 두 곳 있는 거 같아요.
보러 가실까요?

## 2 화장실이 작지 않고 근처에 쇼핑센터가 있는 집 구하고 싶다고 말하기

您想找什么样的房子?

부동산 사장님

 수진

화장실이 작지만 않으면 돼요.

预算大概是多少?

부동산 사장님

 수진

한 달에 5000위안 넘으면 안 돼요.

还有别的要求吗?

부동산 사장님

 수진

근처에 쇼핑센터가 있으면 좋겠어요.

부동산 사장님: 您想找什么样的房子?
수진: 只要洗手间不小就可以。
부동산 사장님: 预算大概是多少?
수진: 一个月不能超过5000块。
부동산 사장님: 还有别的要求吗?
수진: 我希望附近有购物中心。

부동산 사장님: 어떤 집 찾고 싶으세요?
수진: 화장실이 작지만 않으면 돼요.
부동산 사장님: 예산은 대략 얼마죠?
수진: 한 달에 5000위안 넘으면 안 돼요.
부동산 사장님: 다른 요구 사항 더 있나요?
수진: 근처에 쇼핑센터가 있으면 좋겠어요.

해커스 중국어회화 10분의 기적 상황별로 말하기

# 나의 첫 룸메이트가 생겼다

하우스 셰어하기

🎧 상황별
회화 말하기

준영이랑 같이 살게 될 줄 정말 생각지도 못했다. 처음으로 누군가와 같이 살게 돼서 걱정은 되지만, 준영이랑 성격도 잘 맞으니 재미있게 지낼 수 있겠지?

---

**真没想到咱俩会合租。**
Zhēn méi xiǎngdào zán liǎ huì hézū.
우리 둘이 같이 살게 될 줄 진짜 생각하지 못했어.

**就是啊！我们定一下生活规则，怎么样？**
Jiùshì a! Wǒmen dìng yíxià shēnghuó guīzé, zěnmeyàng?
그니까! 우리 생활 규칙 좀 정하자, 어때?

**好啊，我希望你不要乱动我的东西。**
Hǎo a, wǒ xīwàng nǐ búyào luàn dòng wǒ de dōngxi.
좋아, 난 네가 내 물건 함부로 건드리지 말아 줬으면 좋겠어.

**好的，我会注意的。还有，别把家务推到对方身上。**
Hǎo de, wǒ huì zhùyì de. Háiyǒu, bié bǎ jiāwù tuīdào duìfāng shēnshang.
응, 주의할게. 그리고, 집안일을 상대방에게 미루지 말아 줘.

**当然。对了！我们得交电费了，你交过吗？**
Dāngrán. Duìle! Wǒmen děi jiāo diànfèi le, nǐ jiāoguo ma?
당연하지. 맞다! 우리 전기세 내야 해, 너 내본 적 있어?

**嗯，我交过。那我用支付宝交吧。**
Ng, wǒ jiāoguo. Nà wǒ yòng Zhīfùbǎo jiāo ba.
응, 나 내본 적 있어. 그럼 내가 알리페이로 낼게.

**谢谢，不过房间和厨房太脏了。**
Xièxie, búguò fángjiān hé chúfáng tài zāng le.
고마워, 근데 방이랑 주방이 너무 더럽다.

**我们首先洗碗，然后打扫房间吧。**
Wǒmen shǒuxiān xǐ wǎn, ránhòu dǎsǎo fángjiān ba.
우리 먼저 설거지하고, 그다음 방 청소하자.

**这样太浪费时间了。我来洗碗，你来扫地吧。**
Zhèyàng tài làngfèi shíjiān le. Wǒ lái xǐ wǎn, nǐ lái sǎo dì ba.
그러면 너무 시간 낭비잖아. 내가 설거지할게, 네가 바닥 쓸어.

---

**(1) 공과금 납부해야
한다고 말하기**

没想到 méi xiǎngdào 생각하지
못하다
合租 hézū 같이 살다, 공동 임대하다
定 dìng 정하다
规则 guīzé 규칙
乱 luàn 함부로
动 dòng 건드리다, 움직이다
注意 zhùyì 주의하다
家务 jiāwù 집안일
推到 tuīdào 미루다, 밀다
交 jiāo 내다, 제출하다
……过 ……guo ~해 본 적 있다
[부록 p.210]
电费 diànfèi 전기세
支付宝 Zhīfùbǎo 알리페이
房间 fángjiān 방

**(2) 집안일 분담하기**

厨房 chúfáng 주방, 부엌
脏 zāng 더럽다
首先……，然后……
shǒuxiān……, ránhòu……
먼저 ~, 그다음 ~ [부록 p.210]
洗碗 xǐ wǎn 설거지하다
打扫 dǎsǎo 청소하다
浪费 làngfèi 낭비하다
扫地 sǎo dì 바닥을 쓸다

# 상황별 활용문장 익히기

각 세부 상황별로 활용할 수 있는 문장들을 처음 한 번은 또박또박 천천히 따라 읽고 그다음 두 번은 중국인처럼 큰 소리로 따라 말해 보세요.

## (1) 공과금 납부해야 한다고 말하기

우리 전기세 내야 해.
**我们得交电费了。**
Wǒmen děi jiāo diànfèi le.

우리 전기세 납부해야 해.
**我们得缴纳电费了。**
Wǒmen děi jiǎonà diànfèi le.

우리 전기세 내야 해.
**我们应该交电费了。**
Wǒmen yīnggāi jiāo diànfèi le.

## (2) 집안일 분담하기

내가 설거지할게, 네가 바닥 쓸어.
**我来洗碗，你来扫地吧。**
Wǒ lái xǐ wǎn, nǐ lái sǎo dì ba.

네가 설거지할 동안, 내가 바닥 쓸게.
**你洗碗的时候，我来扫地吧。**
Nǐ xǐ wǎn de shíhou, wǒ lái sǎo dì ba.

우리 각자 다른 일 하자.
**我们分别做不同的事吧。**
Wǒmen fēnbié zuò bù tóng de shì ba.

---

交 jiāo 내다, 제출하다   电费 diànfèi 전기세   缴纳 jiǎonà 납부하다   洗碗 xǐ wǎn 설거지하다   扫地 sǎo dì 바닥을 쓸다   分别 fēnbié 각자, 따로

## 상황별 단어 활용해서 말해보기

각 상황별로 활용할 수 있는 단어를 따라 읽으며 익힌 후, 음성을 들으며 활용문장을 보고 중국인처럼 큰 소리로 따라 말해 보세요. 그리고 스스로 단어를 조합해 더 많은 활용문장을 큰 소리로 말해 보세요.

**공과금 표현**
으로 공과금 납부해야 한다고 말하기

전기세
电费
diànfèi

수도세
水费
shuǐfèi

가스비
燃气费
ránqìfèi

인터넷비
宽带费
kuāndàifèi

유선 TV 사용료
有线电视费
yǒuxiàn diànshìfèi

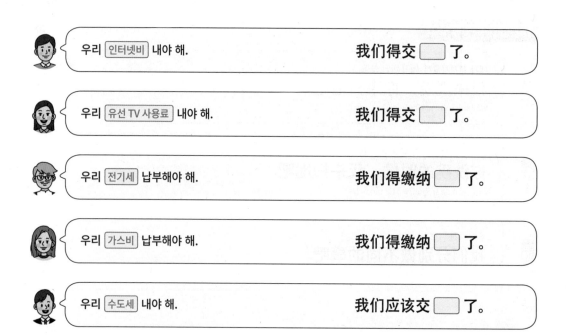

우리 [인터넷비] 내야 해.　　　　我们得交 ☐ 了。

우리 [유선 TV 사용료] 내야 해.　　我们得交 ☐ 了。

우리 [전기세] 납부해야 해.　　　我们得缴纳 ☐ 了。

우리 [가스비] 납부해야 해.　　　我们得缴纳 ☐ 了。

우리 [수도세] 내야 해.　　　　　我们应该交 ☐ 了。

## 집안일 표현

**으로 집안일 분담하기**

설거지하다
洗碗
xǐ wǎn

바닥을 쓸다
扫地
sǎo dì

청소하다
打扫
dǎsǎo

빨래하다
洗衣服
xǐ yīfu

쓰레기를 버리다
扔垃圾
rēng lājī

장 보다
买菜
mǎi cài

요리하다
做菜
zuò cài

바닥을 닦다
擦地
cā dì

해커스 중국어회화 10분의 기적 상황표현으로 말하기

---

 내가 [장 볼]게, 네가 [요리해].　　　我来 ☐，你来 ☐ 吧。

 내가 [쓰레기 버릴]게, 네가 [설거지해].　　我来 ☐，你来 ☐ 吧。

 내가 [바닥 쓸]게, 네가 [빨래해].　　我来 ☐，你来 ☐ 吧。

 네가 [장 볼] 동안, 내가 [청소할]게.　　你 ☐ 的时候，我来 ☐ 吧。

 네가 [쓰레기 버릴] 동안, 내가 [청소할]게.　　你 ☐ 的时候，我来 ☐ 吧。

# 실제 회화 술술 말해보기

대화를 보며 지훈이 또는 준영이처럼 말해본 후, 음성을 들으며 중국인처럼 한 번 더 따라 말해 보세요. 마지막으로 본인이 하고 싶은 말을 내 맘대로 말해 보세요.

---

**1** 자신의 물건 함부로 건드리지 말아 달라고 부탁하고 인터넷비 내야 한다고 말하기

지훈

> 우리 둘이 같이 살게 될 줄 진짜 생각하지 못했어.

> 就是啊！我们定一下生活规则，怎么样？

준영

지훈

> 좋아, 난 네가 내 물건 함부로 건드리지 말아 줬으면 좋겠어.

> 好的，我会注意的。
> 还有，别把家务推到对方身上。

준영

지훈

> 당연하지. 맞다! 우리 인터넷비 내야 해.

---

지훈: 真没想到咱俩会合租。
준영: 就是啊！我们定一下生活规则，怎么样？
지훈: 好啊，我希望你不要乱动我的东西。
준영: 好的，我会注意的。
　　　还有，别把家务推到对方身上。
지훈: 当然。对了！我们应该交宽带费了。

지훈: 우리 둘이 같이 살게 될 줄 진짜 생각하지 못했어.
준영: 그니까! 우리 생활 규칙 좀 정하자, 어때?
지훈: 좋아, 난 네가 내 물건 함부로 건드리지 말아 줬으면 좋겠어.
준영: 응, 주의할게.
　　　그리고, 집안일을 상대방에게 미루지 말아 줘.
지훈: 당연하지. 맞다! 우리 인터넷비 내야 해.

## 2 나는 설거지할테니 룸메이트에게 바닥 닦으라고 말하기

준영

우리 생활 규칙 좀 정하자, 어때?

好啊，我希望你不要乱动我的东西。

지훈

준영

응, 주의할게. 그리고, 집안일을 상대방에게 미루지 말아 줘.

当然。不过房间和厨房太脏了。
我们首先洗碗，然后打扫房间吧。

지훈

준영

그러면 너무 시간 낭비잖아.
내가 설거지할게, 네가 바닥 닦아.

---

준영: 我们定一下生活规则，怎么样？
지훈: 好啊，我希望你不要乱动我的东西。
준영: 好的，我会注意的。还有，别把家务推到对方身上。
지훈: 当然。不过房间和厨房太脏了。
　　　我们首先洗碗，然后打扫房间吧。
준영: 这样太浪费时间了。我来洗碗，你来擦地吧。

준영: 우리 같이 생활 규칙 좀 정하자, 어때?
지훈: 좋아, 난 네가 내 물건 함부로 건드리지 말아 줬으면 좋겠어.
준영: 응, 주의할게. 그리고, 집안일을 상대방에게 미루지 말아 줘.
지훈: 당연하지. 근데 방이랑 주방이 너무 더럽다.
　　　우리 먼저 설거지하고, 그다음 방 청소하자.
준영: 그러면 너무 시간 낭비잖아. 내가 설거지할게, 네가 바닥
　　　닦아.

# 내일부터 아르바이트 시작!

아르바이트에 대해 얘기하기

상황별
회화 말하기

 도대체 월말이 되면 돈은 왜 항상 부족한지, 결제 내역을 보면 내가 쓴 게 맞긴 맞는데…… 어휴, 아르바이트라도 해야 하나? 루루 언니한테 비결 좀 물어봐야지.

---

 수진

**我最近太穷了，零花钱都花光了。**
Wǒ zuìjìn tài qióng le, línghuāqián dōu huāguāngle.
요즘 정말 궁핍해, 용돈을 하나도 남김없이 다 썼어.

 루루

**你不做兼职吗?**
Nǐ bú zuò jiānzhí ma?
너 아르바이트 안 해?

 수진

**不做，你做过兼职吗?**
Bú zuò, nǐ zuòguo jiānzhí ma?
안 해, 언니는 아르바이트해 봤어?

 루루

**当然啦，我以前当过餐厅服务员。**
Dāngrán la, wǒ yǐqián dāngguo cāntīng fúwùyuán.
당연하지, 나 이전에 식당 종업원 해 봤어.

(1) 어떤 아르바이트해 봤는지 말하기

 수진

**不累吗?**
Bú lèi ma?
안 힘들었어?

 루루

**挺累的，但现在想想当时做兼职真是个好选择。**
Tǐng lèi de, dàn xiànzài xiǎngxiang dāngshí zuò jiānzhí zhēn shì ge hǎo xuǎnzé.
엄청 힘들었지, 그렇지만 지금 생각하면 그때 아르바이트한 건 진짜 좋은 선택이었어.

 수진

**为什么?**
Wèishénme?
왜?

 루루

**我做兼职后，手头富裕了。**
Wǒ zuò jiānzhí hòu, shǒutóu fùyù le.
아르바이트한 후로, 주머니 사정이 넉넉해졌거든.

**所以我把钱都投资在理财产品上了。**
Suǒyǐ wǒ bǎ qián dōu tóuzī zài lǐcái chǎnpǐn shang le.
그래서 돈을 전부 재테크 상품에 투자했어.

(2) 아르바이트비로 어떤 재테크했는지 말하기

 수진

**哇! 你真棒! 那我也要做兼职。**
Wā! Nǐ zhēn bàng! Nà wǒ yě yào zuò jiānzhí.
와! 진짜 대단하다! 그럼 나도 아르바이트해야겠다.

穷 qióng 궁핍하다, 가난하다
零花钱 línghuāqián 용돈
花光 huāguāng (돈, 시간을)
하나도 남김없이 다 쓰다
……光 ……guāng 하나도 남김
없이 ~하다 [부록 p.211]
兼职 jiānzhí 아르바이트, 겸직
当然 dāngrán 당연하다
啦 la 문장 끝에 놓여 감정을 풍부
하게 전달함
当过 dāngguo (직업, 직책)을 해
본 적이 있다
餐厅 cāntīng 식당
服务员 fúwùyuán 종업원

但 dàn 그렇지만 [부록 p.211]
当时 dāngshí 그때, 당시
选择 xuǎnzé 선택하다
手头 shǒutóu 주머니 사정, 경제적
상황
富裕 fùyù 넉넉하다, 부유하다
投资 tóuzī 투자하다, 투자
理财产品 lǐcái chǎnpǐn 재테크 상품

# 상황별 활용문장 익히기

각 세부 상황별로 활용할 수 있는 문장들을 처음 한 번은 또박또박 천천히 따라 읽고 그다음 두 번은 중국인처럼 큰 소리로 따라 말해 보세요.

## (1) 어떤 아르바이트해 봤는지 말하기

나 이전에 식당 종업원 해 봤어.

**我以前当过餐厅服务员。**

Wǒ yǐqián dāngguo cāntīng fúwùyuán.

나 예전에 식당 종업원이었어.

**我曾经是个餐厅服务员。**

Wǒ céngjīng shì ge cāntīng fúwùyuán.

나 식당에서 아르바이트해 봤어.

**我在餐厅做过兼职。**

Wǒ zài cāntīng zuòguo jiānzhí.

> TIP! 兼职은 다른 일을 하면서 겸업을 하는 것을 말하며 打工(dǎgōng)은 육체노동이나 사회적 지위가 낮은 일을 하는 것을 말합니다.

## (2) 아르바이트비로 어떤 재테크했는지 말하기

돈을 전부 재테크 상품에 투자했어.

**我把钱都投资在理财产品上了。**

Wǒ bǎ qián dōu tóuzī zài lǐcái chǎnpǐn shang le.

> TIP! 投资在……上 대신 投资于……(tóuzī yú……)를 이용해 문장을 만들 수 있어요.

월급을 전부 재테크 상품에 썼어.

**我把工资都花在理财产品上了。**

Wǒ bǎ gōngzī dōu huā zài lǐcái chǎnpǐn shang le.

나 돈 전부 정기 예금 계좌에 저축했어.

**我把钱都存在定期存款账户里了。**

Wǒ bǎ qián dōu cún zài dìngqī cúnkuǎn zhànghù li le.

단어

当过 dāngguo (직업, 직책)을 해 본 적 있다 **餐厅** cāntīng 식당 **服务员** fúwùyuán 종업원 **曾经** céngjīng 예전에, 이미
**兼职** jiānzhí 아르바이트, 겸직 **投资** tóuzī 투자하다, 투자 **理财产品** lǐcái chǎnpǐn 재테크 상품 **工资** gōngzī 월급 **花** huā 쓰다 **存** cún 저축하다
**定期** dìngqī 정기적인 **存款** cúnkuǎn 예금 **账户** zhànghù 계좌

# 상황별 단어 활용해서 말해보기

각 상황별로 활용할 수 있는 단어를 따라 읽으며 익힌 후, 음성을 들으며 활용문장을 보고 중국인처럼 큰 소리로 따라 말해 보세요. 그리고 스스로 단어를 조합해 더 많은 활용문장을 큰 소리로 말해 보세요.

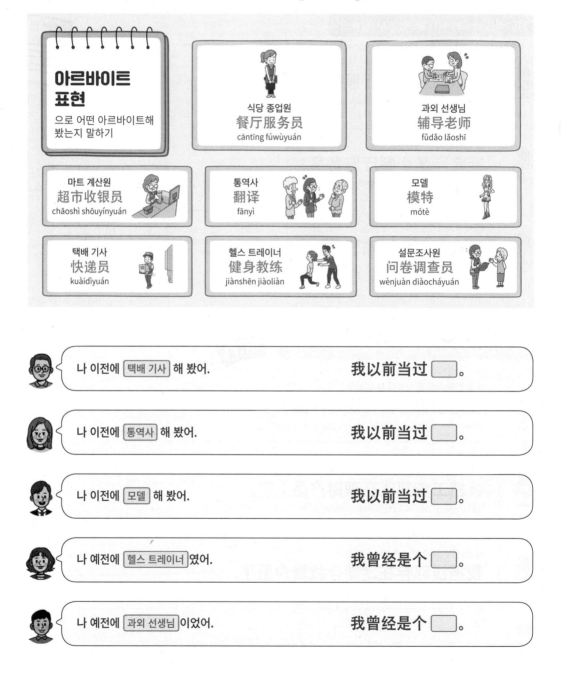

**아르바이트 표현**

으로 어떤 아르바이트해 봤는지 말하기

식당 종업원
餐厅服务员
cāntīng fúwùyuán

과외 선생님
辅导老师
fŭdǎo lǎoshī

마트 계산원
超市收银员
chāoshì shōuyínyuán

통역사
翻译
fānyì

모델
模特
mótè

택배 기사
快递员
kuàidìyuán

헬스 트레이너
健身教练
jiànshēn jiàoliàn

설문조사원
问卷调查员
wènjuàn diàocháyuán

나 이전에 택배 기사 해 봤어.　　　　我以前当过 ⬚ 。

나 이전에 통역사 해 봤어.　　　　我以前当过 ⬚ 。

나 이전에 모델 해 봤어.　　　　我以前当过 ⬚ 。

나 예전에 헬스 트레이너 였어.　　　　我曾经是个 ⬚ 。

나 예전에 과외 선생님 이었어.　　　　我曾经是个 ⬚ 。

## 재테크 표현

으로 아르바이트비로 어떤 재테크했는지 말하기

재테크 상품
理财产品
lǐcái chǎnpǐn

주식
股票
gǔpiào

펀드
基金
jījīn

부동산
房地产
fángdìchǎn

금
黄金
huángjīn

채권
债券
zhàiquàn

돈을 전부 주식 에 투자했어.　　我把钱都投资在 □ 上了。

돈을 전부 채권 에 투자했어.　　我把钱都投资在 □ 上了。

돈을 전부 금 에 투자했어.　　我把钱都投资在 □ 上了。

월급을 전부 펀드 에 썼어.　　我把工资都花在 □ 上了。

월급을 전부 부동산 에 썼어.　　我把工资都花在 □ 上了。

# 실제 회화 술술 말해보기

대화를 보며 루루처럼 말해본 후, 음성을 들으며 중국인처럼 한 번 더 따라 말해 보세요. 마지막으로 본인이 하고 싶은 말을 내 맘대로 말해 보세요.

## 1 예전에 과외 선생님이었다고 말하기

 수진
我最近太穷了，零花钱都花光了。

 루루
너 아르바이트 안 해?

 수진
不做，你做过兼职吗？

 루루
당연하지, 나 예전에 과외 선생님이었어.

 수진
不累吗？

 루루
엄청 힘들었지, 그렇지만 지금 생각하면 그때 아르바이트한 건 진짜 좋은 선택이었어.

---

수진: 我最近太穷了，零花钱都花光了。
루루: 你不做兼职吗？
수진: 不做，你做过兼职吗？
루루: 当然啦，我曾经是个辅导老师。
수진: 不累吗？
루루: 挺累的，但现在想想当时做兼职真是个好选择。

수진: 요즘 정말 궁핍해, 용돈은 하나도 남김없이 다 썼어.
루루: 너 아르바이트 안 해?
수진: 안 해, 언니는 아르바이트해 봤어?
루루: 당연하지, 나 예전에 과외 선생님이었어.
수진: 안 힘들었어?
루루: 엄청 힘들었지, 그렇지만 지금 생각하면 그때 아르바이트 한 건 진짜 좋은 선택이었어.

## 2　아르바이트비를 전부 펀드에 썼다고 말하기

你做过兼职吗?　
수진

루루　당연하지.

不累吗?　
수진

루루　엄청 힘들었지, 그렇지만 지금 생각하면 그때 아르바이트한 건 진짜 좋은 선택이었어.

为什么?　
수진

루루　아르바이트한 후로, 주머니 사정이 넉넉해졌거든. 그래서 월급을 전부 펀드에 썼어.

---

수진: 你做过兼职吗?
루루: 当然啦。
수진: 不累吗?
루루: 挺累的，但现在想想当时做兼职真是个好选择。
수진: 为什么?
루루: 我做兼职后，手头富裕了。
　　　所以我把工资都花在基金上了。

수진: 언니는 아르바이트해 봤어?
루루: 당연하지.
수진: 안 힘들었어?
루루: 엄청 힘들었지, 그렇지만 지금 생각하면 그때 아르바이트 한 건 진짜 좋은 선택이었어.
수진: 왜?
루루: 아르바이트한 후로, 주머니 사정이 넉넉해졌거든. 그래서 월급을 전부 펀드에 썼어.

# INFORMATION

## 내가 예약한 방이 맞나?

호텔에서 숙박하기

 상황별
회화 말하기

503 드디어 오게 된 뉴욕! 호텔 체크인을 하고 방에 들어가 봤더니 내가 예약한 방이랑 조금 다른 것 같다. 번거롭더라도 프런트로 내려가 한번 확인해 봐야겠다.

 수진
**刚才我拿钥匙去了房间，不过房间好像安排错了。**
Gāngcái wǒ ná yàoshi qùle fángjiān, búguò fángjiān hǎoxiàng ānpái cuòle.
제가 방금 키 가지고 방에 갔는데, 방이 잘못 배정된 것 같아요.

 직원
**请稍等，我再确认一下。**
Qǐng shāo děng, wǒ zài quèrèn yíxià.
잠시만 기다려 주세요, 다시 확인해 보겠습니다.

 수진
**我订的是大床的商务间。**
Wǒ dìng de shì dàchuáng de shāngwùjiān.
제가 예약한 방은 더블베드 비즈니스 룸이에요.

 직원
**郑女士，我们搞错了。真抱歉。**
Zhèng nǚshì, wǒmen gǎocuòle. Zhēn bàoqiàn.
정 여사님, 저희가 잘못 처리했네요. 정말 죄송합니다.

 수진
**现在可以换到别的房间吧？**
Xiànzài kěyǐ huàndào bié de fángjiān ba?
지금 다른 방으로 바꿀 수 있죠?

 직원
**当然可以，我会立刻处理的。还需要别的服务吗？**
Dāngrán kěyǐ, wǒ huì lìkè chǔlǐ de. Hái xūyào bié de fúwù ma?
당연히 되죠, 제가 즉시 처리해 드리겠습니다. 다른 서비스 더 필요하신가요?

 수진
**对了！每天早上7点，请打电话叫醒我。**
Duìle! Měitiān zǎoshang qī diǎn, qǐng dǎ diànhuà jiào xǐng wǒ.
맞다! 매일 아침 7시에, 전화로 저 깨워 주세요.

(到了房间之后)
(Dàole fángjiān zhīhòu)
(방에 도착한 후)

 수진
**喂？这里是503号。房里没有毛巾，帮我拿上来。**
Wéi? Zhèlǐ shì wǔ líng sān hào. Fáng li méiyǒu máojīn, bāng wǒ ná shànglai.
여보세요? 여기 503호인데요. 방 안에 수건이 없네요, 갖다 주세요.

 직원
**不好意思，我马上派员工拿上去。**
Bù hǎoyìsi, wǒ mǎshàng pài yuángōng ná shàngqu.
죄송합니다, 바로 직원을 보내 갖다 드리겠습니다.

(1) 예약한 방 설명하기

钥匙 yàoshi 키, 열쇠
好像 hǎoxiàng ~인 것 같다
安排错 ānpái cuò 잘못 배정하다
……错 ……cuò 잘못 ~하다
[부록 p.212]
确认 quèrèn 확인하다
订 dìng 예약하다
大床 dàchuáng 더블베드
商务间 shāngwùjiān 비즈니스 룸
女士 nǚshì 여사, 부인
搞错 gǎocuò 잘못 처리하다
抱歉 bàoqiàn 죄송스럽게 생각하다
换到 huàndào ~으로 바꾸다
当然 dāngrán 당연히
立刻 lìkè 즉시
处理 chǔlǐ 처리하다
服务 fúwù 서비스
叫醒 jiào xǐng 불러서 깨우다
毛巾 máojīn 수건
拿上来 ná shànglai 가지고 올라오다
马上 mǎshàng 바로, 곧
派 pài 보내다, 파견하다
员工 yuángōng 직원
拿上去 ná shàngqu 가지고 올라가다
……上去 ……shàngqu ~하며
올라가다 [부록 p.212]

(2) 비품 갖다 달라고
말하기

# 상황별 활용문장 익히기

각 세부 상황별로 활용할 수 있는 문장들을 처음 한 번은 또박또박 천천히 따라 읽고 그다음 두 번은 중국인처럼 큰 소리로 따라 말해 보세요.

## (1) 예약한 방 설명하기

제가 예약한 방은 더블베드 비즈니스 룸이에요.
**我订的是大床的商务间。**
Wǒ dìng de shì dàchuáng de shāngwùjiān.

저는 더블베드 비즈니스 룸 예약했어요.
**我订了大床的商务间。**
Wǒ dìngle dàchuáng de shāngwùjiān.

제가 예약한 방은 도시뷰 룸이 아닌 오션뷰 룸이에요.
**我订的不是城景房而是海景房。**
Wǒ dìng de bú shì chéngjǐngfáng ér shì hǎijǐngfáng.

## (2) 비품 갖다 달라고 말하기

방 안에 수건이 없네요, 갖다 주세요.
**房里没有毛巾，帮我拿上来。**
Fáng li méiyǒu máojīn, bāng wǒ ná shànglai.

저 수건 필요한데, 방 안에 없어요.
**我需要毛巾，但房里没有。**
Wǒ xūyào máojīn, dàn fáng li méiyǒu.

방 안에 겨우 수건 한 장만 있는데, 몇 장 더 갖다 주세요.
**房里只有一条毛巾，再多给几条。**
Fáng li zhǐyǒu yì tiáo máojīn, zài duō gěi jǐ tiáo.

---

단어

订 dìng 예약하다　**大床** dàchuáng 더블베드　**商务间** shāngwùjiān 비즈니스 룸　**不是……而是……** bú shì……ér shì…… ~이 아니라 ~이다
**城景房** chéngjǐngfáng 도시뷰 룸　**海景房** hǎijǐngfáng 오션뷰 룸　**毛巾** máojīn 수건　**拿上来** ná shànglai 가지고 올라오다　**只** zhǐ 겨우

DAY 25

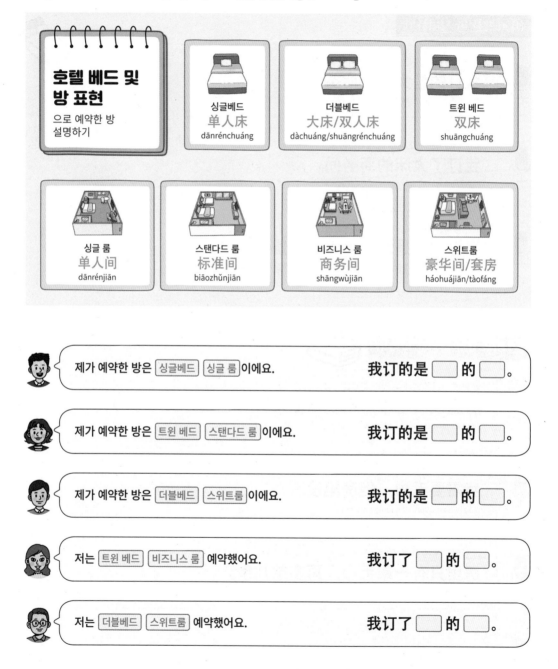

## 상황별 단어 활용해서 말해보기

단어 쏙!

각 상황별로 활용할 수 있는 단어를 따라 읽으며 익힌 후, 음성을 들으며 활용문장을 보고 중국인처럼 큰 소리로 따라 말해 보세요. 그리고 스스로 단어를 조합해 더 많은 활용문장을 큰 소리로 말해 보세요.

**호텔 베드 및 방 표현**
으로 예약한 방 설명하기

싱글베드
单人床
dānrénchuáng

더블베드
大床/双人床
dàchuáng/shuāngrénchuáng

트윈 베드
双床
shuāngchuáng

싱글 룸
单人间
dānrénjiān

스탠다드 룸
标准间
biāozhǔnjiān

비즈니스 룸
商务间
shāngwùjiān

스위트룸
豪华间/套房
háohuájiān/tàofáng

제가 예약한 방은 싱글베드 싱글 룸 이에요.
我订的是 ☐ 的 ☐。

제가 예약한 방은 트윈 베드 스탠다드 룸 이에요.
我订的是 ☐ 的 ☐。

제가 예약한 방은 더블베드 스위트룸 이에요.
我订的是 ☐ 的 ☐。

저는 트윈 베드 비즈니스 룸 예약했어요.
我订了 ☐ 的 ☐。

저는 더블베드 스위트룸 예약했어요.
我订了 ☐ 的 ☐。

## 호텔 비품 표현

으로 비품 갖다 달라고 말하기

| 수건<br>毛巾<br>máojīn | 목욕 타월<br>浴巾<br>yùjīn | 슬리퍼<br>拖鞋<br>tuōxié | 베개<br>枕头<br>zhěntou |
| --- | --- | --- | --- |

| 컵<br>杯子<br>bēizi | 목욕 가운<br>浴袍<br>yùpáo | 칫솔<br>牙刷<br>yáshuā |
| --- | --- | --- |

| 치약<br>牙膏<br>yágāo | 드라이기<br>吹风机<br>chuīfēngjī | 일회용 면도기<br>一次性剃须刀<br>yícìxìng tìxūdāo |
| --- | --- | --- |

해커스 중국어회화 10분의 기적 상황별로 말하기

**DAY 25**

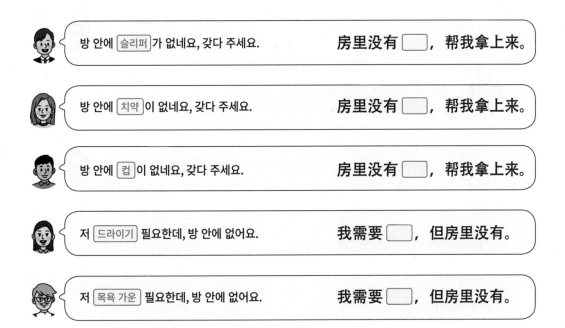

방 안에 [슬리퍼]가 없네요, 갖다 주세요.     房里没有 ☐ ，帮我拿上来。

방 안에 [치약]이 없네요, 갖다 주세요.     房里没有 ☐ ，帮我拿上来。

방 안에 [컵]이 없네요, 갖다 주세요.     房里没有 ☐ ，帮我拿上来。

저 [드라이기] 필요한데, 방 안에 없어요.     我需要 ☐ ，但房里没有。

저 [목욕 가운] 필요한데, 방 안에 없어요.     我需要 ☐ ，但房里没有。

# 실제 회화 술술 말해보기

대화를 보며 수진이처럼 말해본 후, 음성을 들으며 중국인처럼 한 번 더 따라 말해 보세요. 마지막으로 본인이 하고 싶은 말을 내 맘대로 말해 보세요.

## 1 방 배정이 잘못되었으니 예약한 트윈 베드 스위트룸으로 바꿔 달라 하기

수진

> 제가 방금 키 가지고 방에 갔는데, 방이 잘못 배정된 것 같아요.

직원

> 请稍等，我再确认一下。

수진

> 저는 트윈 베드 스위트룸 예약했어요.

직원

> 郑女士，我们搞错了。真抱歉。

수진

> 지금 다른 방으로 바꿀 수 있죠?

직원

> 当然可以，我会立刻处理的。

---

수진: 刚才我拿钥匙去了房间，不过房间好像安排错了。
직원: 请稍等，我再确认一下。
수진: 我订了双床的豪华间。
직원: 郑女士，我们搞错了。真抱歉。
수진: 现在可以换到别的房间吧？
직원: 当然可以，我会立刻处理的。

수진: 제가 방금 키 가지고 방에 갔는데, 방이 잘못 배정된 것 같아요.
직원: 잠시만 기다려 주세요, 다시 확인해 보겠습니다.
수진: 저는 트윈 베드 스위트룸 예약했어요.
직원: 정 여사님, 저희가 잘못 처리했네요. 정말 죄송합니다.
수진: 지금 다른 방으로 바꿀 수 있죠?
직원: 당연히 되죠, 제가 즉시 처리해 드리겠습니다.

## 2 호텔 방에 칫솔이 없다고 가져다 달라고 말하기

수진

제가 방금 키 가지고 방에 갔는데, 방이 잘못 배정된 것 같아요.

郑女士，真抱歉。我会立刻处理的。
还需要别的服务吗?

직원

수진

맞다! 매일 아침 7시에, 전화로 저 깨워 주세요.

(到了房间之后)

수진

여보세요? 여기 503호인데요. 저 칫솔 필요한데, 방 안에 없어요.

不好意思，我马上派员工拿上去。

직원

---

수진: 刚才我拿钥匙去了房间，不过房间好像安排错了。

직원: 郑女士，真抱歉。我会立刻处理的。
还需要别的服务吗?

수진: 对了! 每天早上7点，请打电话叫醒我。

(到了房间之后)

수진: 喂? 这里是503号。我需要牙刷，但房里没有。

직원: 不好意思，我马上派员工拿上去。

수진: 제가 방금 키 가지고 방에 갔는데, 방이 잘못 배정된 것 같아요.

직원: 정 여사님, 정말 죄송합니다. 제가 즉시 처리해 드리겠습니다.
다른 서비스 더 필요하신가요?

수진: 맞다! 매일 아침 7시에, 전화로 저 깨워 주세요.

(방에 도착한 후)

수진: 여보세요? 여기 503호인데요. 저 칫솔 필요한데, 방 안에
없어요.

직원: 죄송합니다, 바로 직원을 보내 갖다 드리겠습니다.

# 파마 잘 나왔다, 만족 만족!

미용실에서 머리하기

🎧 상황별
회화 말하기

 기분 전환도 할 겸 파마를 하기 위해 예약한 미용실에 왔다. 중국에서는 처음 파마를 해 보는 건데 걱정도 되고 기대도 된다. 혹시 몰라 참고용 사진도 챙겨 왔으니 잘 되겠지?

---

 수진

**你好，我预约了3点做头发。**

Nǐ hǎo, wǒ yùyuēle sān diǎn zuò tóufa.

안녕하세요, 저 3시에 머리 하려고 예약했는데요.

 헤어 디자이너

**请到这边来，你想怎么弄?**

Qǐng dào zhèbian lái, nǐ xiǎng zěnme nòng?

이쪽으로 오세요, 어떻게 해 드릴까요?

 수진

**我想烫发，跟这张照片里的人一样。**

Wǒ xiǎng tàngfà, gēn zhè zhāng zhàopiàn li de rén yíyàng.

저 파마하고 싶어요, 이 사진 속 사람처럼요.

**(1) 원하는 헤어 서비스 말하기**

 헤어 디자이너

**好的。我看你头发受损严重，需要护理吗?**

Hǎo de. Wǒ kàn nǐ tóufa shòusǔn yánzhòng, xūyào hùlǐ ma?

알겠습니다. 보니까 손님 머리카락이 심하게 상했네요, 클리닉 필요하세요?

 수진

**做的话总共需要多长时间?**

Zuò dehuà zǒnggòng xūyào duō cháng shíjiān?

한다면 전부 얼마나 걸려요?

 헤어 디자이너

**大概4个小时。**

Dàgài sì ge xiǎoshí.

대략 4시간 정도요.

预约 yùyuē 예약하다, 예약
头发 tóufa 머리카락
弄 nòng 하다, 만지다

 수진

**今天来不及了，下次吧。给我推荐一下洗发水。**

Jīntiān láibují le, xià cì ba. Gěi wǒ tuījiàn yíxià xǐfàshuǐ.

오늘은 할 시간이 없어서, 다음에 할게요. 샴푸 좀 추천해 주세요.

**(2) 헤어 제품 추천해 달라 하기**

**(做完以后)**

(Zuòwán yǐhòu)

(끝난 후)

烫发 tàngfà 파마하다
跟……一样 gēn……yíyàng ~처럼,
~와 같다
照片 zhàopiàn 사진
受损 shòusǔn 상하다, 손상되다
严重 yánzhòng 심각하다
护理 hùlǐ 클리닉하다, 보호하고
관리하다
……的话 ……dehuà ~하면
[부록 p.213]
总共 zǒnggòng 전부, 모두
多长时间 duō cháng shíjiān
얼마나, 얼마동안
大概 dàgài 대략
来不及 láibují ~할 시간이 없다,
여유가 없다 [부록 p.213]
洗发水 xǐfàshuǐ 샴푸

 헤어 디자이너

**弄完了，你觉得怎么样?**

Nòngwánle, nǐ juéde zěnmeyàng?

다 됐습니다, 어쩌세요?

 수진

**我觉得挺好看的，谢谢。**

Wǒ juéde tǐng hǎokàn de, xièxie.

아주 보기 좋네요, 감사합니다.

# 상황별 활용문장 익히기

각 세부 상황별로 활용할 수 있는 문장들을 처음 한 번은 또박또박 천천히 따라 읽고 그다음 두 번은 중국인처럼 큰 소리로 따라 말해 보세요.

## (1) 원하는 헤어 서비스 말하기

저 파마하고 싶어요.
### 我想烫发。
Wǒ xiǎng tàngfà.

파마 해 주세요.
### 帮我烫发。
Bāng wǒ tàngfà.

먼저 머리 좀 다듬어 주시고, 그다음 파마 좀 해 주세요.
### 先把头发修一修，然后再烫一下。
Xiān bǎ tóufa xiū yi xiū, ránhòu zài tàng yíxià.

> TIP! 修는 본래 '수리하다, 고치다'라는 뜻이지만, 头发와 함께 쓰면 '다듬다'라는 뜻이에요.

## (2) 헤어 제품 추천해 달라 하기

샴푸 좀 추천해 주세요.
### 给我推荐一下洗发水。
Gěi wǒ tuījiàn yíxià xǐfàshuǐ.

저는 어떤 샴푸 쓰는 게 좋을까요?
### 我用什么洗发水才好?
Wǒ yòng shénme xǐfàshuǐ cái hǎo?

제게 맞는 샴푸 추천해 주실 수 있나요?
### 能推荐适合我的洗发水吗?
Néng tuījiàn shìhé wǒ de xǐfàshuǐ ma?

---

단어

烫发 tàngfà 파마하다　先……，然后…… xiān……，ránhòu…… 먼저 ~, 그다음 ~　修 xiū 다듬다　烫 tàng 파마하다　洗发水 xǐfàshuǐ 샴푸
适合 shìhé 알맞다, 어울리다

# 상황별 단어 활용해서 말해보기

각 상황별로 활용할 수 있는 단어를 따라 읽으며 익힌 후, 음성을 들으며 활용문장을 보고 중국인처럼 큰 소리로 따라 말해 보세요. 그리고 스스로 단어를 조합해 더 많은 활용문장을 큰 소리로 말해 보세요.

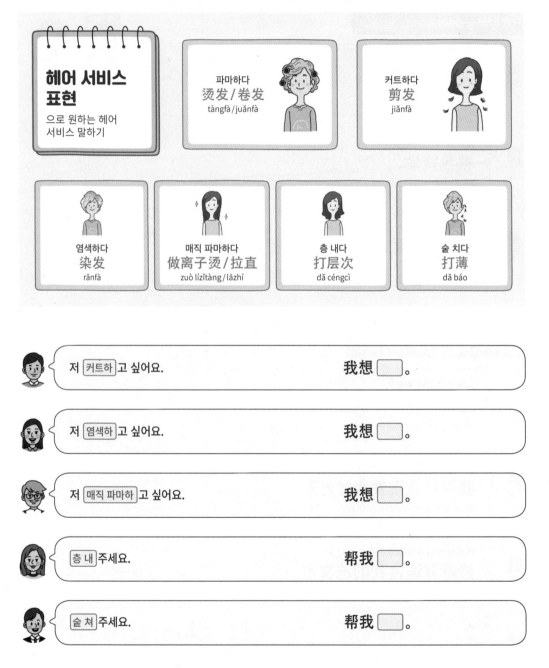

**헤어 서비스 표현**

으로 원하는 헤어 서비스 말하기

파마하다
烫发 / 卷发
tàngfà / juǎnfà

커트하다
剪发
jiǎnfà

염색하다
染发
rǎnfà

매직 파마하다
做离子烫 / 拉直
zuò lízǐtàng / lāzhí

층 내다
打层次
dǎ céngcì

숱 치다
打薄
dǎ báo

저 [커트하]고 싶어요.    我想 ⬜.

저 [염색하]고 싶어요.    我想 ⬜.

저 [매직 파마하]고 싶어요.    我想 ⬜.

[층 내]주세요.    帮我 ⬜.

[숱 쳐]주세요.    帮我 ⬜.

## 헤어 제품 표현

으로 헤어 제품 추천해
달라 하기

삼푸
洗发水/洗发露
xǐfàshuǐ/xǐfàlù

린스
护发素/润发液
hùfàsù/rùnfàyè

헤어 팩/트리트먼트
发膜
fàmó

컨디셔닝 오일
护发精油
hùfàjīngyóu

에센스/세럼
精华乳
jīnghuárǔ

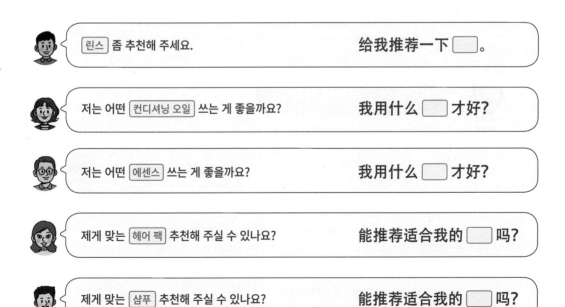

| 린스 좀 추천해 주세요. | 给我推荐一下 ▢ 。 |

| 저는 어떤 컨디셔닝 오일 쓰는 게 좋을까요? | 我用什么 ▢ 才好? |

| 저는 어떤 에센스 쓰는 게 좋을까요? | 我用什么 ▢ 才好? |

| 제게 맞는 헤어 팩 추천해 주실 수 있나요? | 能推荐适合我的 ▢ 吗? |

| 제게 맞는 삼푸 추천해 주실 수 있나요? | 能推荐适合我的 ▢ 吗? |

# 실제 회화 술술 말해보기

대화를 보며 수진이처럼 말해본 후, 음성을 들으며 중국인처럼 한 번 더 따라 말해 보세요. 마지막으로 본인이 하고
싶은 말을 내 맘대로 말해 보세요.

---

## 1 염색해 달라고 말하기

수진

> 안녕하세요, 저 3시에 머리 하려고 예약했는데요.

> 请到这边来，你想怎么弄？

헤어 디자이너

수진

> 염색해 주세요.

> 好的。我看你头发受损严重。需要护理吗？

헤어 디자이너

수진

> 한다면 전부 얼마나 걸려요?

> 大概4个小时。

헤어 디자이너

---

수진: 你好，我预约了3点做头发。
헤어 디자이너: 请到这边来，你想怎么弄？
수진: 帮我染发。
헤어 디자이너: 好的。我看你头发受损严重。需要护理吗？
수진: 做的话总共需要多长时间？
헤어 디자이너: 大概4个小时。

수진: 안녕하세요, 저 3시에 머리 하려고 예약했는데요.
헤어 디자이너: 이쪽으로 오세요, 어떻게 해 드릴까요?
수진: 염색해 주세요.
헤어 디자이너: 알겠습니다. 보니까 손님 머리카락이 심하게
　　　　　　　상했네요. 클리닉 필요하세요?
수진: 한다면 전부 얼마나 걸려요?
헤어 디자이너: 대략 4시간 정도요.

## 2 린스 추천해 달라고 말하기

我看你头发受损严重。需要护理吗?

헤어 디자이너

수진

오늘은 할 시간이 없어서, 다음에 할게요.

好的。

헤어 디자이너

수진

제게 맞는 린스 추천해 주실 수 있나요?

没问题。

헤어 디자이너

---

헤어 디자이너: 我看你头发受损严重。需要护理吗?
수진: 今天来不及了，下次吧。
헤어 디자이너: 好的。
수진: 能推荐适合我的护发素吗?
헤어 디자이너: 没问题。

헤어 디자이너: 보니까 손님 머리카락이 심하게 상했네요.
　　　　　　　클리닉 필요하세요?
수진: 오늘은 할 시간이 없어서, 다음에 할게요.
헤어 디자이너: 알겠습니다.
수진: 제게 맞는 린스 추천해 주실 수 있나요?
헤어 디자이너: 물론이죠.

# 어색한 첫 만남 오글오글

아는 사람 둘 소개팅 시켜 주기

🎧 상황별
회화 말하기

모든 면에서 빠지는 것 없는 루루 언니와 엄친아 준영이! 예전부터 둘을 소개해 주고 싶었는데 드디어 오늘 소개팅을 한다. 준영이랑 루루 언니 정말 잘됐으면 좋겠다~

---

**这位是露露，这位是俊英。**
Zhè wèi shì Lùlù, zhè wèi shì Jùnyīng.
이쪽은 루루, 이쪽은 준영.

**见到你很高兴，我叫李俊英。**
Jiàndào nǐ hěn gāoxìng, wǒ jiào Lǐ Jùnyīng.
만나서 반갑습니다, 전 이준영이라고 합니다.

**你好，我是王露露。你们俩怎么认识的？**
Nǐ hǎo, wǒ shì Wáng Lùlù. Nǐmen liǎ zěnme rènshi de?
안녕하세요, 왕루루예요. 두 분은 어떻게 알게 됐어요?

**在大学里认识的。**
Zài dàxué li rènshi de.
대학에서 알게 됐어요.

**难怪，你们看起来关系很好啊。你的专业是什么？**
Nánguài, nǐmen kàn qǐlai guānxi hěn hǎo a. Nǐ de zhuānyè shì shénme?
어쩐지, 둘이 친해 보이더라. 준영 씨 전공이 뭐예요?

**我的专业是中文。那你们俩又是怎么认识的？**
Wǒ de zhuānyè shì Zhōngwén. Nà nǐmen liǎ yòu shì zěnme rènshi de?
제 전공은 중문이에요. 그럼 두 분은 어떻게 알게 됐어요?

(1) 대학교 전공 말하기

**我和她是在读书俱乐部里认识的。**
Wǒ hé tā shì zài dúshū jùlèbù li rènshi de.
저랑 수진이는 독서 동호회에서 알게 됐어요.

**听说你是上班族，你的工作是什么？**
Tīngshuō nǐ shì shàngbānzú, nǐ de gōngzuò shì shénme?
듣기론 직장인이라고 하시던데, 직업이 뭐예요?

**我从事于金融业。**
Wǒ cóngshì yú jīnróngyè.
저는 금융업에 종사해요.

(2) 현재 일하는 분야 말하기

**真厉害！我也想进入这个行业，哪怕竞争激烈！**
Zhēn lìhai! Wǒ yě xiǎng jìnrù zhège hángyè, nǎpà jìngzhēng jīliè!
정말 대단하시네요! 저도 그 업계에 들어가고 싶어요, 경쟁이 치열해도!

见到 jiàndào 만나다
高兴 gāoxìng 기쁘다
难怪 nánguài 어쩐지
看起来 kàn qǐlai 보아하니 ~인 것 같다
关系 guānxi (사람과 사람 사이의) 관계
专业 zhuānyè 전공
中文 Zhōngwén 중문, 중국어
俱乐部 jùlèbù 동호회, 클럽
听说 tīngshuō 듣기로는, 듣자 하니
上班族 shàngbānzú 직장인
从事于…… cóngshì yú…… ~에 종사하다
……于…… yú ~에, ~에서 [부록 p.214]
金融业 jīnróngyè 금융업
进入 jìnrù 들어가다, 진입하다
行业 hángyè 업계, 업종
哪怕 nǎpà 비록 ~하더라도 [부록 p.214]
竞争 jìngzhēng 경쟁하다
激烈 jīliè 치열하다

# 상황별 활용문장 익히기

각 세부 상황별로 활용할 수 있는 문장들을 처음 한 번은 또박또박 천천히 따라 읽고 그다음 두 번은 중국인처럼 큰 소리로 따라 말해 보세요.

## (1) 대학교 전공 말하기

제 전공은 중문이에요.
**我的专业是中文。**
Wǒ de zhuānyè shì Zhōngwén.

저는 중문 전공 학생이에요.
**我是中文专业的学生。**
Wǒ shì Zhōngwén zhuānyè de xuésheng.

중국어 배우고 싶어서, 중문과를 선택했어요.
**我想学汉语，所以选择了中文系。**
Wǒ xiǎng xué Hànyǔ, suǒyǐ xuǎnzé le Zhōngwén xì.

## (2) 현재 일하는 분야 말하기

저는 금융업에 종사해요.
**我从事于金融业。**
Wǒ cóngshì yú jīnróngyè.

저는요, 금융업에서 2년 일했어요.
**我呀，在金融业工作了两年。**
Wǒ ya, zài jīnróngyè gōngzuòle liǎng nián.

제 직업은 금융과 관련 있어요.
**我的工作和金融有关。**
Wǒ de gōngzuò hé jīnróng yǒuguān.

단어

专业 zhuānyè 전공　中文 Zhōngwén 중문, 중국어　选择 xuǎnzé 선택하다　中文系 Zhōngwén xì 중문과　从事于…… cóngshì yú…… ~에 종사하다
……于 ……yú ~에, ~에서　金融业 jīnróngyè 금융업　金融 jīnróng 금융　有关 yǒuguān 관련이 있다, 관계가 있다

# 상황별 단어 활용해서 말해보기

각 상황별로 활용할 수 있는 단어를 따라 읽으며 익힌 후, 음성을 들으며 활용문장을 보고 중국인처럼 큰 소리로 따라 말해 보세요. 그리고 스스로 단어를 조합해 더 많은 활용문장을 큰 소리로 말해 보세요.

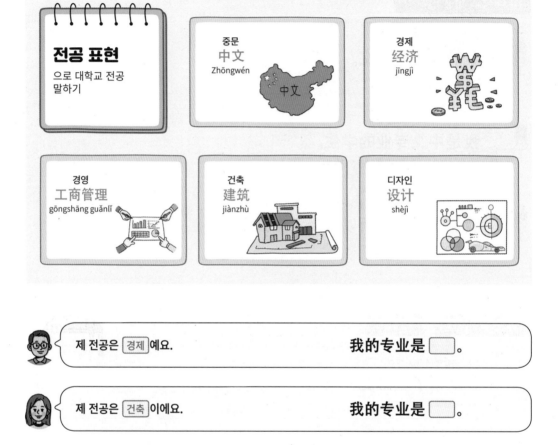

**전공 표현**
으로 대학교 전공 말하기

중문
中文
Zhōngwén

경제
经济
jīngjì

경영
工商管理
gōngshāng guǎnlǐ

건축
建筑
jiànzhù

디자인
设计
shèjì

제 전공은 경제 예요.　　　　　　我的专业是 ☐ 。

제 전공은 건축 이에요.　　　　　　我的专业是 ☐ 。

제 전공은 경영 이에요.　　　　　　我的专业是 ☐ 。

저는 중문 전공 학생이에요.　　　　我是 ☐ 专业的学生。

저는 디자인 전공 학생이에요.　　　我是 ☐ 专业的学生。

## 업계 표현

으로 현재 일하는 분야 말하기

금융업
金融业
jīnróngyè

건축업
建筑业
jiànzhùyè

제조업
制造业
zhìzàoyè

교육 출판업
教育出版业
jiàoyù chūbǎnyè

서비스업
服务业
fúwùyè

농업
农业
nóngyè

미용업
美容行业
měiróng hángyè

운송업
运输业
yùnshūyè

---

 저는 [건축업]에 종사해요.  　　我从事于 ▢ 。

 저는 [서비스업]에 종사해요.  　　我从事于 ▢ 。

 저는 [미용업]에 종사해요.  　　我从事于 ▢ 。

 저는요, [제조업]에서 2년 일했어요.  　　我呀，在 ▢ 工作了两年。

저는요, [운송업]에서 2년 일했어요.  　　我呀，在 ▢ 工作了两年。

# 실제 회화 술술 말해보기

대화를 보며 준영이 또는 루루처럼 말해본 후, 음성을 들으며 중국인처럼 한 번 더 따라 말해 보세요. 마지막으로 본인이 하고 싶은 말을 내 맘대로 말해 보세요.

---

**1**    첫인사 나누고 디자인을 전공하고 있다고 말하기

这位是露露，这位是俊英。
수진

 만나서 반갑습니다, 전 이준영이라고 합니다.
준영

你好，我是王露露。你们俩怎么认识的？
루루

 대학에서 알게 됐어요.
준영

难怪，你们看起来关系很好啊。你的专业是什么？
루루

 저는 디자인 전공 학생이에요.
준영

---

수진: 这位是露露，这位是俊英。
준영: 见到你很高兴，我叫李俊英。
루루: 你好，我是王露露。你们俩怎么认识的？
준영: 在大学里认识的。
루루: 难怪，你们看起来关系很好啊。你的专业是什么？
준영: 我是设计专业的学生。

수진: 이쪽은 루루, 이쪽은 준영.
준영: 만나서 반갑습니다, 전 이준영이라고 합니다.
루루: 안녕하세요, 왕루루예요. 두 분은 어떻게 알게 됐어요?
준영: 대학에서 알게 됐어요.
루루: 어쩐지, 둘이 친해 보이더라. 준영 씨 전공이 뭐예요?
준영: 저는 디자인 전공 학생이에요.

## 2 첫인사 나누고 서비스업에서 2년 일했다고 말하기

루루

> 만나서 반갑습니다.

> 见到你我也很高兴。你们俩是怎么认识的?

준영

루루

> 저랑 수진이는 독서 동호회에서 알게 됐어요.

> 听说你是上班族，你的工作是什么?

준영

루루

> 저는요, 서비스업에서 2년 일했어요.

> 真厉害!

준영

---

루루: 见到你很高兴。
준영: 见到你我也很高兴。你们俩是怎么认识的?
루루: 我和她是在读书俱乐部里认识的。
준영: 听说你是上班族，你的工作是什么?
루루: 我呀，在服务业工作了两年。
준영: 真厉害!

루루: 만나서 반갑습니다.
준영: 저도 만나서 반갑습니다. 두 분은 어떻게 알게 됐어요?
루루: 저랑 수진이는 독서 동호회에서 알게 됐어요.
준영: 듣기론 직장인이라고 하시던데, 직업이 뭐예요?
루루: 저는요, 서비스업에서 2년 일했어요.
준영: 정말 대단하시네요!

# 희망찬 나의 미래!

진로에 대해 얘기하기

🎧 상황별
회화 말하기

 대학교 졸업을 앞두고 있다 보니 요즘 진로에 대해 고민이 많아졌다. 수진이와 함께 도서관에서 자기소개서를 쓰기로 했는데, 이 자기소개서가 좋은 결과로 이어져 내 꿈 이 이루어졌으면 좋겠다.

**不管别人怎么说，我都想找稳定的工作。**
Bùguǎn biérén zěnme shuō, wǒ dōu xiǎng zhǎo wěndìng de gōngzuò.
다른 사람이 어떻게 말하든 상관없이, 나는 안정적인 직업을 구하고 싶어.

**稳定的职业也不错，但我还是想做自己喜欢的事情。**
Wěndìng de zhíyè yě búcuò, dàn wǒ háishi xiǎng zuò zìjǐ xǐhuan de shìqing.
안정적인 직업도 좋지만, 나는 그래도 내가 좋아하는 일을 하고 싶어.

**你想做什么？**
Nǐ xiǎng zuò shénme?
넌 뭐 하고 싶은데?

**我想当电视导演。**
Wǒ xiǎng dāng diànshì dǎoyǎn.
난 방송PD가 되고 싶어.

**真的吗？你真棒！我就打算去公司上班。**
Zhēn de ma? Nǐ zhēn bàng! Wǒ jiù dǎsuan qù gōngsī shàngbān.
진짜? 멋지다! 나는 회사 들어가서 일할 생각이야.

**是吗？那你想去哪个部门工作？**
Shì ma? Nà nǐ xiǎng qù nǎge bùmén gōngzuò?
그래? 그럼 너 어떤 부서에 가서 일하고 싶은데?

**我想去营销部工作。**
Wǒ xiǎng qù yíngxiāobù gōngzuò.
나는 마케팅부 가서 일하고 싶어.

**听说那个部门很累，可能和你想象的不一样。**
Tīngshuō nàge bùmén hěn lèi, kěnéng hé nǐ xiǎngxiàng de bù yíyàng.
그 부서 힘들다고 하더라, 아마도 네가 상상하는 거와 같진 않을 거야.

**可能吧，世上哪有容易的事啊！找工作也太难了。**
Kěnéng ba, shìshàng nǎ yǒu róngyì de shì a! Zhǎo gōngzuò yě tài nán le.
그럴 거야, 세상에 쉬운 일이 어디 있어! 일자리 찾는 것도 너무 어렵잖아.

**你说得很对，咱们一起努力吧！**
Nǐ shuō de hěn duì, zánmen yìqǐ nǔlì ba!
네 말이 맞아, 우리 같이 열심히 하자!

(1) 희망하는 직업 말하기

기업
채용공고

방송국
채용공고

(2) 일하고 싶은 부서 말하기

不管 bùguǎn ~에 상관없이
[부록 p.215]
别人 biérén 다른 사람
稳定 wěndìng 안정적이다
职业 zhíyè 직업
当 dāng ~이 되다
电视导演 diànshì dǎoyǎn 방송PD
上班 shàngbān 일하다, 출근하다
部门 bùmén 부서, 부
营销部 yíngxiāobù 마케팅부
可能 kěnéng 아마도
……和……一样 hé……
yíyàng ~와 ~가 같다 [부록 p.215]
想象 xiǎngxiàng 상상하다
世上 shìshàng 세상
容易 róngyì 쉽다
难 nán 어렵다

# 상황별 활용문장 익히기

각 세부 상황별로 활용할 수 있는 문장들을 처음 한 번은 또박또박 천천히 따라 읽고 그다음 두 번은 중국인처럼 큰 소리로 따라 말해 보세요.

## (1) 희망하는 직업 말하기

나는 방송PD가 되고 싶어.
**我想当电视导演。**
Wǒ xiǎng dāng diànshì dǎoyǎn.

> TIP! 안정적인 직장을 铁饭碗
> (tiěfànwǎn, 철밥통)이라고 해요.

난 방송PD가 되고 싶어.
**我想成为一名电视导演。**
Wǒ xiǎng chéngwéi yì míng diànshì dǎoyǎn.

나 방송PD 되려고 준비하고 있어.
**我准备当电视导演。**
Wǒ zhǔnbèi dāng diànshì dǎoyǎn.

## (2) 일하고 싶은 부서 말하기

나는 마케팅부 가서 일하고 싶어.
**我想去营销部工作。**
Wǒ xiǎng qù yíngxiāobù gōngzuò.

> TIP! 营销는 经营销售
> (jīngyíng xiāoshòu)의 줄임말로
> '경영하고 판매하다'라는 뜻으로
> 마케팅을 의미해요.

마케팅부가 내가 가고 싶은 부서야.
**营销部是我想去的部门。**
Yíngxiāobù shì wǒ xiǎng qù de bùmén.

나는 마케팅부에 관심이 있어.
**我对营销部很感兴趣。**
Wǒ duì yíngxiāobù hěn gǎn xìngqù.

---

단어

当 dāng ~이 되다   电视导演 diànshì dǎoyǎn 방송PD   成为 chéngwéi ~으로 되다   准备 zhǔnbèi 준비하다   营销部 yíngxiāobù 마케팅부
部门 bùmén 부서   对……感兴趣 duì……gǎn xìngqù ~에 관심이 있다, ~에 흥미를 느끼다

# 상황별 단어 활용해서 말해보기

단어 쏙!

각 상황별로 활용할 수 있는 단어를 따라 읽으며 익힌 후, 음성을 들으며 활용문장을 보고 중국인처럼 큰 소리로 따라 말해 보세요. 그리고 스스로 단어를 조합해 더 많은 활용문장을 큰 소리로 말해 보세요.

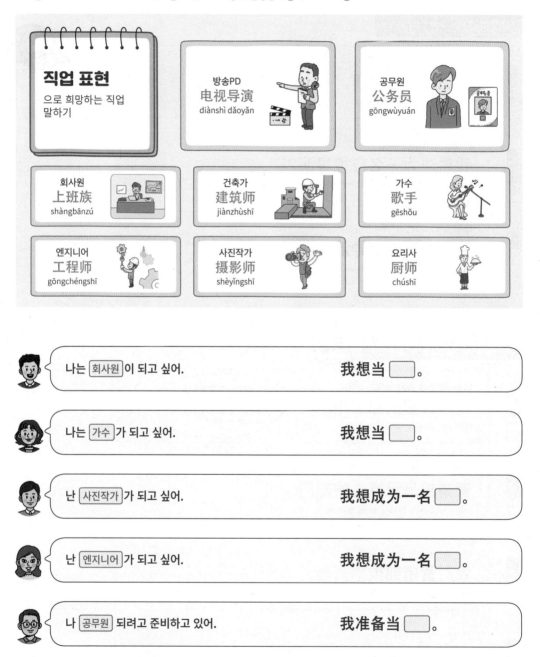

**직업 표현**
으로 희망하는 직업 말하기

방송PD
**电视导演**
diànshì dǎoyǎn

공무원
**公务员**
gōngwùyuán

회사원
**上班族**
shàngbānzú

건축가
**建筑师**
jiànzhùshī

가수
**歌手**
gēshǒu

엔지니어
**工程师**
gōngchéngshī

사진작가
**摄影师**
shèyǐngshī

요리사
**厨师**
chúshī

나는 회사원 이 되고 싶어.　　　　　我想当 ☐ 。

나는 가수 가 되고 싶어.　　　　　我想当 ☐ 。

난 사진작가 가 되고 싶어.　　　　我想成为一名 ☐ 。

난 엔지니어 가 되고 싶어.　　　　我想成为一名 ☐ 。

나 공무원 되려고 준비하고 있어.　　我准备当 ☐ 。

## 부서 표현

으로 일하고 싶은 부서
말하기

마케팅부
**营销部/市场营销部**
yíngxiāobù/shìchǎng yíngxiāobù

인사부
**人力资源部**
rénlì zīyuánbù

홍보부
**宣传部**
xuānchuánbù

재무부
**财务部**
cáiwùbù

기술 개발부
**技术开发部**
jìshù kāifābù

생산부
**生产部**
shēngchǎnbù

전략 기획부
**战略策划部**
zhànlüè cèhuàbù

해외 사업부
**海外事业部**
hǎiwài shìyèbù

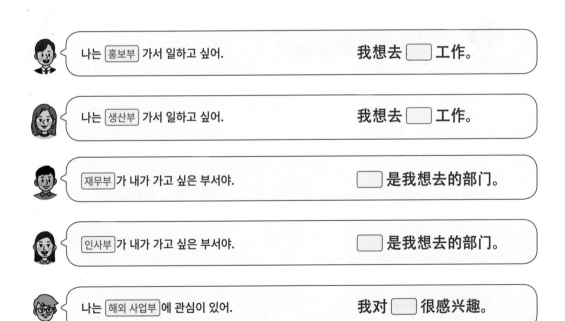

나는 홍보부 가서 일하고 싶어.　　　　　　　**我想去 ☐ 工作。**

나는 생산부 가서 일하고 싶어.　　　　　　　**我想去 ☐ 工作。**

재무부 가 내가 가고 싶은 부서야.　　　　　　**☐ 是我想去的部门。**

인사부 가 내가 가고 싶은 부서야.　　　　　　**☐ 是我想去的部门。**

나는 해외 사업부 에 관심이 있어.　　　　　　**我对 ☐ 很感兴趣。**

해커스 중국어회화 10분의 기적 상황으로 말하기

DAY 28

# 실제 회화 술술 말해보기

대화를 보며 수진이 또는 지훈이처럼 말해본 후, 음성을 들으며 중국인처럼 한 번 더 따라 말해 보세요. 마지막으로 본인이 하고 싶은 말을 내 맘대로 말해 보세요.

## 1 사진작가가 되고 싶다고 말하기

不管别人怎么说，我都想找稳定的工作。
지훈

수진
안정적인 직업도 좋지만, 나는 그래도 내가 좋아하는 일을 하고 싶어.

你想做什么?
지훈

수진
난 사진작가가 되고 싶어.

---

지훈: 不管别人怎么说，我都想找稳定的工作。
수진: 稳定的职业也不错，但我还是想做自己喜欢的事情。
지훈: 你想做什么?
수진: 我想成为一名摄影师。

지훈: 다른 사람이 어떻게 말하든 상관없이, 나는 안정적인 직업을 구하고 싶어.
수진: 안정적인 직업도 좋지만, 나는 그래도 내가 좋아하는 일을 하고 싶어.
지훈: 넌 뭐 하고 싶은데?
수진: 난 사진작가가 되고 싶어.

## 2. 회사에 들어가서 해외 사업부에서 일하고 싶다고 말하기

지훈

나는 회사 들어가서 일할 생각이야.

那你想去哪个部门工作?

수진

지훈

해외 사업부가 내가 가고 싶은 부서야.

听说那个部门很累，可能和你想象的不一样。

수진

지훈

그럴 거야, 세상에 쉬운 일이 어디 있어!
일자리 찾는 것도 너무 어렵잖아.

你说得很对，咱们一起努力吧!

수진

---

지훈: 我就打算去公司上班。
수진: 那你想去哪个部门工作?
지훈: 海外事业部是我想去的部门。
수진: 听说那个部门很累，可能和你想象的不一样。
지훈: 可能吧，世上哪有容易的事啊! 找工作也太难了。
수진: 你说得很对，咱们一起努力吧!

지훈: 나는 회사 들어가서 일할 생각이야.
수진: 그럼 너 어떤 부서에 가서 일하고 싶은데?
지훈: 해외 사업부가 내가 가고 싶은 부서야.
수진: 그 부서 힘들다고 하더라, 아마도 네가 상상하는 거와
　　　같진 않을 거야.
지훈: 그럴 거야, 세상에 쉬운 일이 어디 있어! 일자리 찾는 것도
　　　너무 어렵잖아.
수진: 네 말이 맞아, 우리 같이 열심히 하자!

# 나도 네가 좋아

친구의 사랑 고백 받아 주기

상황별
회화 말하기

지훈이는 왜 갑자기 공원으로 나오라는 거지? 나오라고 하니 가긴 가는데…… 저 멀리 서 있는 지훈이, 꽃다발을 들고 있네! 설마 고백??? 일단 모른 척 한번 튕겨 볼까?

**秀珍，我有话想跟你说。**

Xiùzhēn, wǒ yǒu huà xiǎng gēn nǐ shuō.

수진아, 나 너한테 하고 싶은 말 있어.

**怎么了？说吧。**

Zěnme le? Shuō ba.

뭔데? 말해.

**其实……我喜欢你，我想跟你在一起。**

Qíshí……wǒ xǐhuan nǐ, wǒ xiǎng gēn nǐ zài yìqǐ.

사실…… 나 너 좋아해, 너랑 사귀고 싶어.

**什么？我以为你喜欢的人不是小李就是小张。**

Shénme? Wǒ yǐwéi nǐ xǐhuan de rén bú shì Xiǎo Lǐ jiù shì Xiǎo Zhāng.

뭐라고? 난 네가 좋아하는 사람이 샤오리 아니면 샤오장이라고 생각했는데.

**不，我一直喜欢你，真心喜欢你。**

Bù, wǒ yìzhí xǐhuan nǐ, zhēnxīn xǐhuan nǐ.

아냐, 나 줄곧 너 좋아했어, 진심으로 너 좋아해.

**其实我也喜欢你。**

Qíshí wǒ yě xǐhuan nǐ.

사실 나도 너 좋아해.

**哇……我不是在做梦吧？心脏快炸了。**

Wā……wǒ bú shì zài zuòmèng ba? Xīnzàng kuài zhà le.

와…… 나 꿈꾸고 있는 거 아니지? 심장 곧 터지려고 해.

**哎呦，你胆子真小，你从来没谈过恋爱吧？**

Āiyōu, nǐ dǎnzi zhēn xiǎo, nǐ cónglái méi tánguo liàn'ài ba?

아이고, 너 간이 콩알만 하네, 너 여태까지 연애 안 해 봤지?

(1) 연애 관련 경험 물어보기

**别逗我了！我紧张了一整天呢。**

Bié dòu wǒ le! Wǒ jǐnzhāngle yìzhěngtiān ne.

놀리지 마! 하루 종일 긴장했었단 말이야.

**我开玩笑的。情人节快到了，去哪里约会好？**

Wǒ kāi wánxiào de. Qíngrénjié kuài dào le, qù nǎli yuēhuì hǎo?

농담한 거야. 곧 밸런타인데이인데, 어디 가서 데이트하면 좋을까?

(2) 기념일 데이트 잡기

---

其实 qíshí 사실
在一起 zài yìqǐ 사귀다
以为 yǐwéi ~라고 생각하다
不是……就是…… bú shì…… jiù shì…… ~아니면 ~이다
[부록 p.216]
真心 zhēnxīn 진심
做梦 zuòmèng 꿈을 꾸다
心脏 xīnzàng 심장
快……了 kuài……le 곧 ~하려고 하다 [부록 p.216]
炸 zhà 터지다
胆子小 dǎnzi xiǎo 간이 콩알만 하다, 용기가 없다
从来 cónglái 여태까지
谈恋爱 tán liàn'ài 연애하다
逗 dòu 놀리다, 악 올리다
一整天 yìzhěngtiān 하루 종일, 온종일
开玩笑 kāi wánxiào 농담하다, 놀리다
情人节 Qíngrénjié 밸런타인데이
约会 yuēhuì 데이트하다, 약속하다, 데이트, 약속

## 입에 착!
# 상황별 활용문장 익히기

각 세부 상황별로 활용할 수 있는 문장들을 처음 한 번은 또박또박 천천히 따라 읽고 그다음 두 번은 중국인처럼
큰 소리로 따라 말해 보세요.

### (1) 연애 관련 경험 물어보기

> 너 여태까지 연애 안 해 봤지?
> ## 你从来没谈过恋爱吧?
> Nǐ cónglái méi tánguo liàn'ài ba?

> 보아하니 연애도 안 해 봤겠네?
> ## 看来你没谈过恋爱吧?
> Kànlái nǐ méi tánguo liàn'ài ba?

> 너 연애 안 해 봤지?
> ## 你是不是没谈过恋爱?
> Nǐ shì bu shì méi tánguo liàn'ài?

### (2) 기념일 데이트 잡기

> 곧 밸런타인데인데, 어디 가서 데이트하면 좋을까?
> ## 情人节快到了，去哪里约会好?
> Qíngrénjié kuài dào le, qù nǎli yuēhuì hǎo?

TIP! 约会(약속)는 종종 동성 간의 약속을 말하기도 하지만 대부분 남녀 간의 데이트를 가리켜요. 일반적으로 '약속 있다'라고 말할 땐 有约(yǒu yuē)라고 해요.

> 내일 밸런타인데이야, 우리 영화관 가자.
> ## 明天是情人节，咱们去电影院吧。
> Míngtiān shì Qíngrénjié, zánmen qù diànyǐngyuàn ba.

> 다음 일요일이 밸런타인데이야, 우리 놀러 가자!
> ## 下周日就是情人节了，我们去玩吧!
> Xià zhōurì jiù shì Qíngrénjié le, wǒmen qù wán ba!

TIP! 중국에서는 일요일을 星期日(xīngqīrì), 星期天 (xīngqītiān)이라고도 하지만 周日(zhōurì)이라고도 해요.

단어

从来 cónglái 여태까지  谈恋爱 tán liàn'ài 연애하다  看来 kànlái 보아하니  情人节 Qíngrénjié 밸런타인데이
快……了 kuài……le 곧 ~하려고 하다  约会 yuēhuì 데이트하다, 약속하다, 데이트, 약속  电影院 diànyǐngyuàn 영화관  周日 zhōurì 일요일

# 상황별 단어 활용해서 말해보기

각 상황별로 활용할 수 있는 단어를 따라 읽으며 익힌 후, 음성을 들으며 활용문장을 보고 중국인처럼 큰 소리로 따라 말해 보세요. 그리고 스스로 단어를 조합해 더 많은 활용문장을 큰 소리로 말해 보세요.

**연애 관련 표현**

으로 연애 관련 경험 물어보기

연애해 봤다
**谈过恋爱**
tánguo liàn'ài

남자(여자)친구 사귀어 봤다
**交过男(女)朋友**
jiāoguo nán(nǚ)péngyou

고백해 봤다
**表白过**
biǎobáiguo

손잡아 봤다
**牵过手**
qiānguo shǒu

포옹해 봤다
**拥抱过**
yōngbàoguo

뽀뽀해 봤다
**亲过**
qīnguo

키스해 봤다
**接过吻**
jiēguo wěn

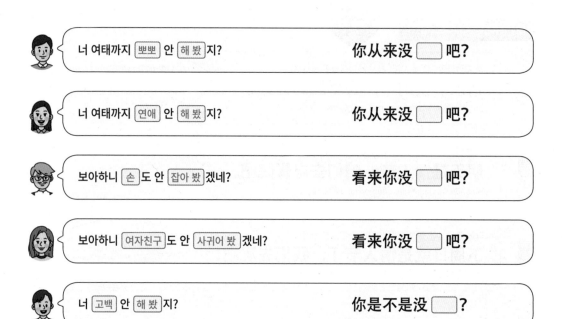

너 여태까지 뽀뽀 안 해 봤지?　　你从来没 ☐ 吧?

너 여태까지 연애 안 해 봤지?　　你从来没 ☐ 吧?

보아하니 손 도 안 잡아 봤겠네?　　看来你没 ☐ 吧?

보아하니 여자친구 도 안 사귀어 봤겠네?　　看来你没 ☐ 吧?

너 고백 안 해 봤지?　　你是不是没 ☐ ?

## 기념일 표현

으로 기념일 데이트 잡기

밸런타인데이 (2/14)
情人节
Qíngrénjié

크리스마스 (12/25)
圣诞节
Shèngdànjié

칠석 (7/7)
七夕
Qīxī

솔로데이 (11/11)
光棍节
Guānggùnjié

네트워크 밸런타인데이 (5/20)
(중국 커플 기념일 중 하나)
网络情人节
Wǎngluò Qíngrénjié

내 생일
我的生日
wǒ de shēngrì

1주년
一周年
yì zhōunián

곧 [칠석]인데, 어디 가서 데이트하면 좋을까?　　□快到了，去哪里约会好?

곧 [내 생일]인데, 어디 가서 데이트하면 좋을까?　　□快到了，去哪里约会好?

내일 [솔로데이]야, 우리 영화관 가자.　　明天是□，咱们去电影院吧。

내일 [크리스마스]야, 우리 영화관 가자.　　明天是□，咱们去电影院吧。

다음 일요일이 [1주년]이야, 우리 놀러 가자!　　下周日就是□了，我们去玩吧!

## 실제 회화 술술 말해보기

대화를 보며 수진이처럼 말해본 후, 음성을 들으며 중국인처럼 한 번 더 따라 말해 보세요. 마지막으로 본인이 하고 싶은 말을 내 맘대로 말해 보세요.

**1** 고백 받아 주고 여자친구도 안 사귀어 봤냐고 농담하기

其实……我喜欢你，我想跟你在一起。
지훈

수진
뭐라고? 난 네가 좋아하는 사람이 샤오리 아니면 샤오장이라고 생각했는데.

不，我一直喜欢你，真心喜欢你。
지훈

수진
사실 나도 너 좋아해.

哇……我不是在做梦吧? 心脏快炸了。
지훈

수진
아이고, 너 간이 콩알만 하네, 보아하니 여자친구도 안 사귀어 봤겠네?

---

지훈: 其实……我喜欢你，我想跟你在一起。
수진: 什么? 我以为你喜欢的人不是小李就是小张。
지훈: 不，我一直喜欢你，真心喜欢你。
수진: 其实我也喜欢你。
지훈: 哇……我不是在做梦吧? 心脏快炸了。
수진: 哎呦，你胆子真小，看来你没交过女朋友吧?

지훈: 사실……나 너 좋아해, 너랑 사귀고 싶어.
수진: 뭐라고? 난 네가 좋아하는 사람이 샤오리 아니면 샤오장이 라고 생각했는데.
지훈: 아냐, 나 줄곧 너 좋아했어, 진심으로 너 좋아해.
수진: 사실 나도 너 좋아해.
지훈: 와……나 꿈꾸고 있는 거 아니지? 심장 곧 터지려고 해.
수진: 아이고, 너 간이 콩알만 하네, 보아하니 여자친구도 안 사 귀어 봤겠네?

## 2 고백 받아 주고 크리스마스에 영화관 가자고 하기

지훈

我喜欢你，我想跟你在一起。

수진

진짜? 사실 나도 너 좋아해.

지훈

哇……我不是在做梦吧? 心脏快炸了。

수진

아이고, 너 간이 콩알만 하네,
너 여태까지 손도 안 잡아 봤지?

지훈

别逗我了! 我紧张了一整天呢。

수진

농담한 거야. 내일 크리스마스야,
우리 영화관 가자.

---

지훈: 我喜欢你，我想跟你在一起。
수진: 真的吗？其实我也喜欢你。
지훈: 哇……我不是在做梦吧？心脏快炸了。
수진: 哎呦，你胆子真小，你从来没牵过手吧？
지훈: 别逗我了！我紧张了一整天呢。
수진: 我开玩笑的。明天是圣诞节，咱们去电影院吧。

지훈: 나 너 좋아해, 너랑 사귀고 싶어.
수진: 진짜? 사실 나도 너 좋아해.
지훈: 와……나 꿈꾸고 있는 거 아니지? 심장 곧 터지려고 해.
수진: 아이고, 너 간이 콩알만 하네, 너 여태까지 손도 안 잡아
봤지?
지훈: 놀리지 마! 하루 종일 긴장했었단 말이야.
수진: 농담한 거야. 내일 크리스마스야, 우리 영화관 가자.

# 꼭 입사하고 싶습니다!

입사 면접 보기

상황별
회화 말하기

강지훈

드디어 면접 보기 1분 전, 긴장한 탓에 수진이에게 고백할 때처럼 심장이 빨리 뛰기 시작한다. 긴장하지 말고 최선을 다하자! 나는 할 수 있다!

---

면접관

**面试正式开始。首先，请简单地介绍一下自己。**
Miànshì zhèngshì kāishǐ. Shǒuxiān, qǐng jiǎndān de jièshào yíxià zìjǐ.
본격적으로 면접 시작하겠습니다. 먼저, 간단하게 자기소개 좀 해 주세요.

지훈

**我叫姜智勋，来自韩国，现在在北京大学读书。**
Wǒ jiào Jiāng Zhìxūn, láizì Hánguó, xiànzài zài Běijīng Dàxué dúshū.
제 이름은 강지훈입니다, 한국에서 왔고, 현재 북경대학교에 다니고 있습니다.

면접관

**好，请讲一下自己的优点和缺点。**
Hǎo, qǐng jiǎng yíxià zìjǐ de yōudiǎn hé quēdiǎn.
네, 자신의 장점과 단점을 좀 말씀해 주세요.

지훈

**我的优点是认真仔细，缺点是体力不足。**
Wǒ de yōudiǎn shì rènzhēn zǐxì, quēdiǎn shì tǐlì bùzú.
제 장점은 성실하고 꼼꼼하다는 것이고, 단점은 체력이 부족하다는 것입니다.

(1) 자신의 장단점 말하기

면접관

**空闲时间你通常会做什么?**
Kòngxián shíjiān nǐ tōngcháng huì zuò shénme?
여가 시간에는 보통 무엇을 하나요?

面试 miànshì 면접하다
正式 zhèngshì 본격적, 정식의
地 de 동작의 방식이나 태도를
꾸며줌 [부록 p.217]
来自 láizì ~에서 오다

지훈

**我一般看电影或者看书。**
Wǒ yìbān kàn diànyǐng huòzhě kàn shū.
저는 보통 영화를 보든지 독서를 합니다.

(2) 취미 말하기

北京大学 Běijīng Dàxué 북경대학교
读书 dúshū 학교에 다니다
讲 jiǎng 말하다
优点 yōudiǎn 장점
缺点 quēdiǎn 단점
认真 rènzhēn 성실하다
仔细 zǐxì 꼼꼼하다
体力 tǐlì 체력
不足 bùzú 부족하다
空闲时间 kòngxián shíjiān 여가 시간
通常 tōngcháng 보통, 통상
一般 yìbān 보통의
或者 huòzhě 하든지 [부록 p.217]
谈 tán 말하다
未来 wèilái 장래, 미래
规划 guīhuà 계획
一定 yídìng 반드시
成为 chéngwéi ~가 되다
营销 yíngxiāo 마케팅
专家 zhuānjiā 전문가
到此为止 dào cǐ wéizhǐ 여기까지
告知 gàozhī 알리다, 통지하다
结果 jiéguǒ 결과

면접관

**最后，请谈一谈你的未来规划。**
Zuìhòu, qǐng tán yi tán nǐ de wèilái guīhuà.
마지막으로, 장래 계획을 말씀해 주세요.

지훈

**我一定会在5年内成为营销专家。**
Wǒ yídìng huì zài wǔ nián nèi chéngwéi yíngxiāo zhuānjiā.
5년 내에 반드시 마케팅 전문가가 되겠습니다.

면접관

**好的，面试到此为止。**
Hǎo de, miànshì dào cǐ wéizhǐ.
알겠습니다, 면접은 여기까지입니다.

**下周二会告知你面试结果。**
Xià zhōu'èr huì gàozhī nǐ miànshì jiéguǒ.
면접 결과는 다음주 화요일에 알려 드릴 것입니다.

# 상황별 활용문장 익히기

각 세부 상황별로 활용할 수 있는 문장들을 처음 한 번은 또박또박 천천히 따라 읽고 그다음 두 번은 중국인처럼 큰 소리로 따라 말해 보세요.

## (1) 자신의 장단점 말하기

제 장점은 성실하고 꼼꼼하다는 것이고, 단점은 체력이 부족하다는 것입니다.
**我的优点是认真仔细，缺点是体力不足。**
Wǒ de yōudiǎn shì rènzhēn zǐxì, quēdiǎn shì tǐlì bùzú.

제 생각에 저는 성실하고 꼼꼼하지만, 체력이 부족합니다.
**我觉得自己认真仔细，但体力不足。**
Wǒ juéde zìjǐ rènzhēn zǐxì, dàn tǐlì bùzú.

저는 성실하고 꼼꼼하지만, 체력이 부족합니다.
**我认真仔细，但体力不足。**
Wǒ rènzhēn zǐxì, dàn tǐlì bùzú.

## (2) 취미 말하기

저는 보통 영화를 보든지 독서를 합니다.
**我一般看电影或者看书。**
Wǒ yìbān kàn diànyǐng huòzhě kàn shū.

저는 시간만 있으면, 영화를 봅니다.
**我一有空，就会看电影。**
Wǒ yì yǒu kòng, jiù huì kàn diànyǐng.

저는 시간이 있으면, 보통 영화를 봅니다.
**我有时间的话，一般看电影。**
Wǒ yǒu shíjiān dehuà, yìbān kàn diànyǐng.

단어
**优点** yōudiǎn 장점 **认真** rènzhēn 성실하다 **仔细** zǐxì 꼼꼼하다 **缺点** quēdiǎn 단점 **体力** tǐlì 체력 **不足** bùzú 부족하다 **一般** yìbān 보통의 **或者** huòzhě 하든지 **一……，就……** yī……, jiù…… ~하자, 곧 ~하다 **空** kòng (시간, 장소 등의) 틈, 여백 **……的话** ……dehuà ~한다면

# 상황별 **단어** 활용해서 말해보기

각 상황별로 활용할 수 있는 단어를 따라 읽으며 익힌 후, 음성을 들으며 활용문장을 보고 중국인처럼 큰 소리로 따라 말해 보세요. 그리고 스스로 단어를 조합해 더 많은 활용문장을 큰 소리로 말해 보세요.

**장단점 표현**

으로 자신의 장단점 말하기

성실하고 꼼꼼하다
**认真仔细**
rènzhēn zǐxì

활발하고 명랑하다
**活泼开朗**
huópō kāilǎng

다른 사람을 기꺼이 돕는다
**乐于助人**
lèyú zhù rén

체력이 부족하다
**体力不足**
tǐlì bùzú

성격이 급하다
**性格急躁**
xìnggé jízào

우유부단하다
**优柔寡断**
yōuróuguǎduàn

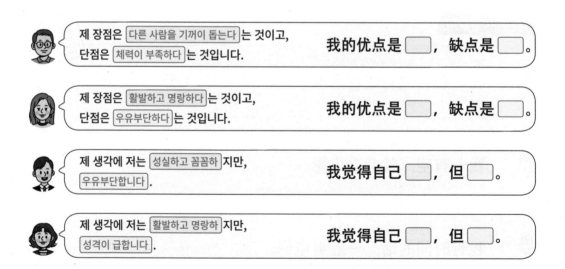

제 장점은 [다른 사람을 기꺼이 돕는다]는 것이고, 단점은 [체력이 부족하다]는 것입니다.

我的优点是 [ ], 缺点是 [ ]。

제 장점은 [활발하고 명랑하다]는 것이고, 단점은 [우유부단하다]는 것입니다.

我的优点是 [ ], 缺点是 [ ]。

제 생각에 저는 [성실하고 꼼꼼하]지만, [우유부단합니다].

我觉得自己 [ ], 但 [ ]。

제 생각에 저는 [활발하고 명랑하]지만, [성격이 급합니다].

我觉得自己 [ ], 但 [ ]。

저는 [성실하고 꼼꼼하]지만, [우유부단합니다].

我 [ ], 但 [ ]。

## 취미 표현
으로 취미 말하기

영화를 보다
**看电影**
kàn diànyǐng

자전거를 타다
**骑自行车**
qí zìxíngchē

온라인 게임을 하다
**玩网络游戏**
wán wǎngluò yóuxì

등산하다
**爬山**
páshān

사진을 찍다
**拍照片**
pāi zhàopiàn

독서하다
**看书**
kàn shū

---

저는 보통 [독서하] 든지 [사진을 찍습니다].

我一般 ☐ 或者 ☐。

저는 보통 [영화를 보] 든지 [등산합니다].

我一般 ☐ 或者 ☐。

저는 시간만 있으면, [자전거를 탑니다].

我一有空，就会 ☐。

저는 시간만 있으면, [온라인 게임을 합니다].

我一有空，就会 ☐。

저는 시간이 있으면, 보통 [독서합니다].

我有时间的话，一般 ☐。

# 실제 회화 술술 말해보기

대화를 보며 지훈이처럼 말해본 후, 음성을 들으며 중국인처럼 한 번 더 따라 말해 보세요. 마지막으로 본인이 하고 싶은 말을 내 맘대로 말해 보세요.

**1** 자기소개 후, 성실하고 꼼꼼하지만 우유부단하다고 말하기

面试正式开始。首先，请简单地介绍一下自己。

면접관

지훈
제 이름은 강지훈입니다, 한국에서 왔고, 현재 북경대학교에 다니고 있습니다.

好，请讲一下自己的优点和缺点。

면접관

지훈
제 생각에 저는 성실하고 꼼꼼하지만, 우유부단합니다.

---

면접관: 面试正式开始。首先，请简单地介绍一下自己。
지훈: 我叫姜智勋，来自韩国，现在在北京大学读书。
면접관: 好，请讲一下自己的优点和缺点。
지훈: 我觉得自己认真仔细，但优柔寡断。

면접관: 본격적으로 면접 시작하겠습니다. 먼저, 간단하게 자기 소개 좀 해 주세요.
지훈: 제 이름은 강지훈입니다, 한국에서 왔고, 현재 북경대학교에 다니고 있습니다.
면접관: 네, 자신의 장점과 단점을 좀 말씀해 주세요.
지훈: 제 생각에 저는 성실하고 꼼꼼하지만, 우유부단합니다.

## 2 자기소개 후, 사진 찍는 게 취미라고 말하기

面试正式开始。首先，请简单地介绍一下自己。

면접관

지훈
제 이름은 강지훈입니다, 한국에서 왔고,
현재 북경대학교에 다니고 있습니다.

空闲时间你通常会做什么？

면접관

지훈
저는 시간이 있으면, 보통 사진을 찍습니다.

---

면접관: 面试正式开始。首先，请简单地介绍一下自己。
지훈: 我叫姜智勋，来自韩国，现在在北京大学读书。
면접관: 空闲时间你通常会做什么？
지훈: 我有时间的话，一般拍照片。

면접관: 본격적으로 면접 시작하겠습니다. 먼저, 간단하게 자기
　　　 소개 좀 해 주세요.
지훈: 제 이름은 강지훈입니다, 한국에서 왔고, 현재 북경대학교
　　　 에 다니고 있습니다.
면접관: 여가 시간에는 보통 무엇을 하나요?
지훈: 저는 시간이 있으면, 보통 사진을 찍습니다.

# 부록

중국어 말하기 학습을 돕는
기초 어법

**DAY 01 궈바오러우 먹고 싶다**

-식당에서 음식 주문하기

## 1 "한 접시, 두 그릇"과 같이 말할 때, 양사 盘, 碗

 来一**盘**锅包肉和两**碗**牛肉面。

궈바오러우 한 접시랑
우육면 두 그릇 주세요.

盘(pán)은 넓고 평평한 접시를 세는 양사, 碗(wǎn)은 가운데가 움푹 들어간 그릇을 세는 양사예요. 양사는 반드시 짝이 맞는 명사와 함께 '수사+양사+명사'의 형식으로 사용해야 해요. 이때 양사 뒤에 오는 명사를 대화 내용으로 알 수 있다면 생략해도 돼요. 참고로, 双(shuāng)은 둘씩 쌍을 이루는 물건을 셀 때 사용하고, 瓶(píng)은 병을 셀 때 사용해요.

과일 한 접시와
젓가락 한 쌍 주세요.

| 给 | 我 | 一 | 盘 | 水果 | 和 | 一 | 双 | 筷子。 |
|---|---|---|---|---|---|---|---|---|
| Gěi | wǒ | yì | pán | shuǐguǒ | hé | yì | shuāng | kuàizi. |
| 주다 | 나에게 | 하나 | 접시 | 과일을 | ~와 | 하나 | 쌍 | 젓가락을 |

볶은 면 한 그릇,
사이다 한 병 주세요.

| 要 | 一 | 碗 | 炒面、 | 一 | 瓶 | 雪碧。 |
|---|---|---|---|---|---|---|
| Yào | yì | wǎn | chǎomiàn, | yì | píng | xuěbì. |
| 원하다 | 하나 | 그릇 | 볶은 면을 | 하나 | 병 | 사이다를 |

## 2 "아마도"라고 말할 때, 可能

 可能够了。

아마도 충분할 겁니다.

可能(kěnéng)은 '아마도'라는 의미로, 사실일 가능성이 높은 과거의 일을 추측하거나, 실현 가능성이 높은 미래의 일을 말할 때 써요.

그녀는 아마도 아픈 것 같아.

| 她 | 可能 | 生病 | 了。 |
|---|---|---|---|
| Tā | kěnéng | shēngbìng | le. |
| 그녀는 | 아마도 | 병나다 | ~했다 |

그는 아마도 모레 돌아올 거야.

| 他 | 可能 | 后天 | 回来。 |
|---|---|---|---|
| Tā | kěnéng | hòutiān | huílai. |
| 그는 | 아마도 | 모레 | 돌아오다 |

# DAY 02  역시 커피는 아.아
-카페에서 커피 주문하기

**1** **"~에서", "~에 있다"라고 말할 때, 在~**

在这儿吃还是带走?

여기에서 드실 건가요
아니면 테이크아웃하실 건가요?

在~(zài~)는 '~에서', '~에 있다'라는 의미예요. '~에서'로 쓰일 때는 전치사로서 '在+명사/대명사+동사' 형식으로 쓰여요. 在가 '~에 있다'로 쓰일 때는 동사로서 '在+명사/대명사' 형식으로 쓰이고, 뒤에 다른 동사는 오지 않아요.

나 카페에서 너 기다려.

| 我 | 在 | 咖啡厅 | 等 | 你。 |
|---|---|---|---|---|
| Wǒ | zài | kāfēitīng | děng | nǐ. |
| 나는 | ~에서 | 카페 | 기다리다 | 너를 |

전치사 **在**
'~에서'

너 어디에 있어?

| 你 | 在 | 哪儿? |
|---|---|---|
| Nǐ | zài | nǎr? |
| 너는 | ~에 있다 | 어디 |

동사 **在**
'~에 있다'

**2** **"A 아니면 B"라고 말할 때, A还是B**

在这儿吃还是带走?

여기에서 드실 건가요
아니면 테이크아웃하실 건가요?

A还是B(A háishi B)는 'A 아니면 B'라는 의미예요. 还是은 선택의문문을 만들어주는 접속사이고, 그 자체로 의문문을 만들 수 있기 때문에 문장 끝에 吗(ma, ~니?)를 말하지 않아요.

내일은 날씨가 맑아, 아니면 흐려?

| 明天 | 是 | 晴天 | 还是 | 阴天? |
|---|---|---|---|---|
| Míngtiān | shì | qíng tiān | háishi | yīn tiān? |
| 내일 | ~이다 | 맑은 날 | ~아니면~ | 흐린 날 |

너희 집에 갈까, 아니면 우리 집에 갈까?

| 去 | 你 | 家 | 还是 | 去 | 我 | 家? |
|---|---|---|---|---|---|---|
| Qù | nǐ | jiā | háishi | qù | wǒ | jiā? |
| 가다 | 너 | 집 | ~아니면~ | 가다 | 나 | 집 |

## DAY 03  사과 진짜 맛있겠다
-시장에서 과일, 채소 사기

**1** "조금", "좀"이라고 말할 때, 有点儿, (一)点儿

> 茄子有点儿贵，便宜点儿。

가지가 조금 비싸네요,
좀 싸게 해 주세요.

**有点儿**(yǒudiǎnr)과 **一点儿**(yìdiǎnr)은 모두 '조금', '좀'이란 의미로, 서로 의미는 같지만 뉘앙스와 용법은 달라요. **有点儿**은 정도를 나타내는 부사로 형용사 앞에 사용하며, 기대하는 것과 차이가 있어 불만을 나타낼 때 사용해요. **一点儿**은 형용사 또는 동사 다음에 사용하며, 정도가 경미하거나 수량이 적음을 나타낼 때 사용해요.

| 바지가 조금 작네. | 裤子 | 有点儿 | 小。 | 有点儿 |
|---|---|---|---|---|
| | Kùzi | yǒudiǎnr | xiǎo. | (기대하는 것과 차이가 있어 불만을 나타낼 때) |
| | 바지가 | 조금 | 작다 | |

| 너 뜨거운 물 좀 마셔. | 你 | 喝 | 一点儿 | 热水。 | (一)点儿 |
|---|---|---|---|---|---|
| | Nǐ | hē | yìdiǎnr | rèshuǐ. | (정도가 가볍거나 수량이 적음을 나타낼 때) |
| | 너는 | 마시다 | 좀 | 뜨거운 물을 | |

**2** "~을 해내다", "~해 내다"라고 말할 때, ~到

> 不用了，别的我都买到了。

괜찮아요, 다른 건 다 샀어요.
(괜찮아요, 다른 건 다 구매를 해냈어요.)

**到**(dào)는 본래 '도달하다'라는 의미지만, 술어 뒤에 붙여 사용하면 '~을 해내다', '~해 내다'라는 의미로 동작의 목적을 달성했음을 나타내는 결과보어가 돼요.

| 나는 해결 방법을 생각해 냈어. | 我 | 想 | 到 | 解决 | 办法 | 了。 |
|---|---|---|---|---|---|---|
| | Wǒ | xiǎng | dào | jiějué | bànfǎ | le. |
| | 나는 | 생각하다 | ~을 해내다 | 해결하다 | 방법을 | ~했다 |

| 이 일을 나는 결국 해냈어! | 这 | 件 | 事, | 我 | 终于 | 做 | 到 | 了! |
|---|---|---|---|---|---|---|---|---|
| | Zhè | jiàn | shì, | wǒ | zhōngyú | zuò | dào | le! |
| | 이 | 건 | 일을 | 나는 | 결국 | 하다 | ~을 해내다 | ~했다 |

## DAY 04 오늘 미세 먼지 최악!
-날씨에 대해 얘기하기

---

**1** "~보다"라고 말할 때, 比~

 我觉得比昨天更严重。　　　　내 생각엔 어제보다 더 심해.

'比~(bǐ~)'는 '~보다'라는 의미예요. 比는 사람이나 사물의 성질·상태를 비교할 때 사용하며, '比+비교
대상+동사/형용사' 형식으로 사용해요. 참고로, 동사/형용사 앞에 비교의 정도를 강조하는 更(gèng, 더)
이나 还(hái, 더)를 쓸 수 있어요.

나는 걔보다 키가 커.

| 我 | 比 | 他 | 高。 |
|---|---|---|---|
| Wǒ | bǐ | tā | gāo. |
| 나는 | ~보다 | 그 | (키가) 크다 |

그는 그녀보다 더 똑똑해.

| 他 | 比 | 她 | 更 | 聪明。 |
|---|---|---|---|---|
| Tā | bǐ | tā | gèng | cōngmíng. |
| 그는 | ~보다 | 그녀 | 더 | 똑똑하다 |

---

**2** "이미 A했으니, B하다"라고 말할 때, 既然A, 就B

 既然天气不好，　　　　날씨가 안 좋으니, 외출하지 않으려고.
那我就不出门了。　　　(이미 날씨가 안 좋으니, 외출하지 않으려고.)

既然A, 就B(jìrán A, jiù B)는 '이미 A했으니, B하다'란 의미예요. A에는 이미 실현된 사실이 오고, B에는
A에 따라 결정된 의견이나 상황이 와요.

이미 시작했으니,
힘껏 노력하자.

| 既然 | 开始 | 了, | 就 | 好好儿 | 努力 | 吧。 |
|---|---|---|---|---|---|---|
| Jìrán | kāishǐ | le, | jiù | hǎohāor | nǔlì | ba. |
| 이미 ~했으니 | 시작하다 | ~했다 | | 힘껏 | 노력하다 | ~하자 |

이미 모두 다 동의했으니,
그러면 이렇게 하자.

| 既然 | 大家 | 都 | 同意, | 那 | 就 | 这么 | 做 | 吧。 |
|---|---|---|---|---|---|---|---|---|
| Jìrán | dàjiā | dōu | tóngyì, | nà | jiù | zhème | zuò | ba. |
| 이미 ~했으니 | 모두가 | 다 | 동의하다 | 그러면 | | 이렇게 | 하다 | ~하자 |

**DAY 05 오늘은 뭐 시켜 먹을까?**
-배달 음식 시켜 먹기

---

**1** **"오직 A만, 비로소 B하다"라고 말할 때, 只有A, 才B**

 今天**只有**必胜客，
**才**有优惠活动。

오늘 피자헛만, 할인 이벤트 있어.
(오늘 오직 피자헛만, 비로소 할인 이벤트가 있어.)

**只有A, 才B**(zhǐyǒu A, cái B)는 '오직 A만, 비로소 B하다'라는 의미로, A에는 유일한 조건이 오고 B에는 조건에 따른 결과가 와요. **才** 뒤에 能(néng, ~할 수 있다), 会(huì, ~할 수 있다), 可以(kěyǐ, ~할 수 있다) 등이 자주 쓰여요.

오직 너만 비로소
할 수 있어.

| 只有 | 你 | 才 | 能 | 做。 |
|------|------|------|------|------|
| Zhǐyǒu | nǐ | cái | néng | zuò. |
| 오직 ~만 | 너 | 비로소 | ~할 수 있다 | 하다 |

오직 운동을 열심히
해야만, 비로소 병에
걸리지 않을 거야.

| 只有 | 认真 | 锻炼， | 才 | 不 | 会 | 生病。 |
|------|------|------|------|------|------|------|
| Zhǐyǒu | rènzhēn | duànliàn, | cái | bú | huì | shēngbìng. |
| 오직 ~만 | 열심히 하다 | 단련하다 | 비로소 | 아니다 | ~할 것이다 | 병나다 |

---

**2** **"좀 ~해 보다"라고 말할 때, ~一下**

 加**一下**薯条和可乐。

감자튀김이랑 콜라 좀 추가해 주세요.

'**~一下**(~yíxià)'는 '좀 ~해 보다'라는 의미로, 동사 뒤에 쓰여요. **一下**는 가벼운 요청이나 제안을 할 때 쓰며, 문장 전체의 뉘앙스를 부드럽게 만들어줘요. 조금 더 공손히 부탁하고 싶을 때는 **请~一下**(qǐng~yíxià)라고 말하면 돼요.

호텔 프런트에 가서 좀 물어보자.

| 去 | 酒店 | 前台 | 问 | 一下。 |
|------|------|------|------|------|
| Qù | jiǔdiàn | qiántái | wèn | yíxià. |
| 가다 | 호텔 | 프런트 | 묻다 | 좀 ~해 보다 |

저 좀 보게 해 주세요.

| 请 | 给 | 我 | 看 | 一下。 |
|------|------|------|------|------|
| Qǐng | gěi | wǒ | kàn | yíxià. |
| ~해 주세요 | ~로 하여금 ~하게 하다 | 나 | 보다 | 좀 ~해 보다 |

---

**DAY 06 괜찮은 신발 찾기 힘들다**
-신발 구매하기

### 1 "보아하니 ~한 것 같다"라고 말할 때, 看起来~

 看起来很适合你。 보아하니 너랑 잘 어울릴 것 같아.

**看起来**(kàn qǐlai)는 '보아하니 ~한 것 같다'라는 의미로, 눈으로 확인되는 어떤 대상의 상태나 상황을 묘사하거나 어떤 상황을 평가 또는 추측할 때 사용해요.

네 기분이 안 좋아 보여.
(보아하니 네 기분이 안 좋은 것 같아.)

| 你 | 看起来 | 心情 | 不 | 好。 |
|---|---|---|---|---|
| Nǐ | kàn qǐlai | xīnqíng | bù | hǎo. |
| 너는 | 보아하니 ~한 것 같다 | 기분이 | 아니다 | 좋다 |

이 옷 매우 비싸 보인다.
(보아하니 이 옷 매우 비싼 것 같아.)

| 这 | 件 | 衣服 | 看起来 | 很 | 贵。 |
|---|---|---|---|---|---|
| Zhè | jiàn | yīfu | kàn qǐlai | hěn | guì. |
| 이 | 벌 | 옷은 | 보아하니 ~한 것 같다 | 매우 | 비싸다 |

### 2 "A이긴 A이다"라고 말할 때, A是A

 不错是不错，
但不知道有没有我的尺码。

괜찮긴 괜찮네,
근데 내 사이즈가 있는지 모르겠네.

**A是A**(A shì A)는 'A이긴 A이다'라는 의미로, 일부는 인정하지만 다른 견해가 있다거나, 어쩔 수 없는 상황일 때 사용해요. **A是A**와 자주 쓰이는 단어로는 '그러나'의 의미를 가진 **但是**(dànshì), **不过**(búguò), **可是**(kěshì) 등이 있어요.

택시 타는 것이 좋긴 좋아, 하지만 난 지하철을 타고 싶어.

| 打车 | 好 | 是 | 好, | 但 | 我 | 想 | 坐 | 地铁。 |
|---|---|---|---|---|---|---|---|---|
| Dǎchē | hǎo | shì | hǎo, | dàn | wǒ | xiǎng | zuò | dìtiě. |
| 택시 타다 | 좋다 | ~이긴 ~이네 | 좋다 | 하지만 | 나는 | ~하고 싶다 | 타다 | 지하철을 |

앉고 싶긴 앉고 싶네, 그러나 자리가 없어.

| 我 | 想 | 坐 | 是 | 想 | 坐, | 但是 | 没有 | 位置。 |
|---|---|---|---|---|---|---|---|---|
| Wǒ | xiǎng | zuò | shì | xiǎng | zuò, | dànshì | méiyǒu | wèizhì. |
| 나는 | ~하고 싶다 | 앉다 | ~이긴 ~이네 | ~하고 싶다 | 앉다 | 그러나 | 없다 | 자리가 |

# DAY 07 부어라! 마셔라!
-동창회에서 친구들과 술 마시기

## 1 "이리저리 A하다"라고 말할 때, A来A去

 看来看去就差班长还没到。 이리저리 둘러보니 반장이 아직 안 왔네.

A来A去(A lái A qù)는 '이리저리 A하다'라는 의미로, 한 가지 동작을 끊임없이 반복할 때 사용해요. A 자리에는 단음절의 동일한 동사가 두 번 쓰이거나, 의미가 비슷한 단음절 동사 두 개가 각각 쓰이기도 해요.

| 그의 의견이 이리저리 계속 바뀌어. | 他 | 的 | 说法 | 一直 | 变来变去。 |
|---|---|---|---|---|---|
| | Tā | de | shuōfǎ | yìzhí | biànlai biànqu. |
| | 그 | ~의 | 의견이 | 계속 | 이리저리 변하다 |

| 그는 이리저리 생각하다 결국 결론을 내렸어. | 他 | 思来想去, | 总算 | 得出 | 了 | 结论。 |
|---|---|---|---|---|---|---|
| | Tā | sīlai xiǎngqu, | zǒngsuàn | déchū | le | jiélùn. |
| | 그는 | 이리저리 생각하다 | 결국 | 얻어내다 | ~했다 | 결론을 |

## 2 "A하면서 B하다"라고 말할 때, 边A边B

 咱们边吃边聊。 우리 먹으면서 얘기하자.

边A边B(biān A biān B)는 'A하면서 B하다'라는 의미로, 두 가지 동작을 동시에 진행할 때 사용해요. 참고로, 一边A一边B(yìbiān A yìbiān B)로도 말할 수 있어요.

| 휴대폰 보면서 밥 먹지 마. | 不要 | 边 | 看 | 手机 | 边 | 吃 | 饭。 |
|---|---|---|---|---|---|---|---|
| | Búyào | biān | kàn | shǒujī | biān | chī | fàn. |
| | ~하지 마라 | ~하면서~ | 보다 | 휴대폰을 | | 먹다 | 밥을 |

| 그들은 노래 부르면서 춤춰. | 他们 | 一边 | 唱 | 歌, | 一边 | 跳舞。 |
|---|---|---|---|---|---|---|
| | Tāmen | yìbiān | chàng | gē, | yìbiān | tiàowǔ. |
| | 그들은 | ~하면서~ | 부르다 | 노래를 | | 춤추다 |

# DAY 08 몸이 여기저기 아프네

-약국에서 약 사기

## 1 "얼마나~" 라고 말할 때, 多~

 饭后多久服药?

밥 먹고 얼마나 있다가 약 먹어요?
(밥 먹고 얼마나 오래 있다가 약 먹어요?)

'多~(duō~)'는 '얼마나~'라는 의미로, 정도를 묻는 의문사예요. 多 뒤에 주로 형용사를 붙여 사용하는데, 자주 사용하는 표현으로 **多长**(duō cháng, 얼마나 길게), **多久**(duō jiǔ, 얼마나 오래) 등이 있어요.

얼마나 걸려?
(얼마나 긴 시간이 필요해?)

| 需要 | 多 | 长 | 时间? |
|------|------|------|------|
| Xūyào | duō | cháng | shíjiān? |
| 필요하다 | 얼마나 | 길다 | 시간이 |

너 얼마나 오래 기다렸어?

| 你 | 等 | 了 | 多 | 久? |
|------|------|------|------|------|
| Nǐ | děng | le | duō | jiǔ? |
| 너는 | 기다리다 | ~했다 | 얼마나 | 오래다 |

## 2 "B하지 않도록, A하다"라고 말할 때, A, 以免B

 但不要过量服用,
以免产生副作用。

대신 부작용이 생기지 않도록,
과다 복용은 하지 마세요.

A, 以免B(A, yǐmiǎn B)는 'B 하지 않도록, A하다'라는 의미로, A에는 B가 발생하지 않도록 하기 위한 내용이 와요. **以免** 대신 **免得**(miǎnde, ~하지 않도록)로도 말할 수 있어요.

사고가 나지 않도록
조심히 운전해야 해.

| 开车 | 要 | 小心, | 以免 | 发生 | 事故。 |
|------|------|------|------|------|------|
| Kāichē | yào | xiǎoxīn, | yǐmiǎn | fāshēng | shìgù. |
| 운전하다 | ~해야 한다 | 조심하다 | ~하지 않도록 ~하다 | 발생하다 | 사고가 |

문제가 생기지 않도록
꼼꼼히 점검해야 해.

| 要 | 仔细 | 检查, | 免得 | 出现 | 问题。 |
|------|------|------|------|------|------|
| Yào | zǐxì | jiǎnchá, | miǎnde | chūxiàn | wèntí. |
| ~해야 한다 | 꼼꼼하다 | 점검하다 | ~하지 않도록 ~하다 | 생기다 | 문제가 |

## 1 "~하지 않으면 안 된다"라고 말할 때, 非得~不可

 你这次暑假**非得**回韩国**不可**吗?  너 이번 여름 방학에 한국 들어가지 않으면 안 되는 거지?

**非得**~**不可**(fēiděi~bùkě)는 '~하지 않으면 안 된다'라는 의미로, 반드시 해야 하는 일을 **非得**와 **不可** 사이에 넣어 말하면 돼요.

너는 대답하지 않으면 안 돼.

| 你 | 非得 | 回答 | 不可。 |
|---|---|---|---|
| Nǐ | fēiděi | huídá | bùkě. |
| 너는 | ~하지 않으면 | 대답하다 | 안 된다 |

나는 그녀에게 전화하지 않으면 안 돼.

| 我 | 非得 | 给 | 她 | 打 | 电话 | 不可。 |
|---|---|---|---|---|---|---|
| Wǒ | fēiděi | gěi | tā | dǎ | diànhuà | bùkě. |
| 나는 | ~하지 않으면 | ~에게 | 그녀 | 걸다 | 전화를 | 안 된다 |

## 2 "~을 잘하다", "잘 ~하다"라고 말할 때, ~好

 订**好**住处了吗?  숙소는 예약 잘했니?

**好**(hǎo)는 본래 '좋다', '훌륭하다'라는 의미지만, 술어 뒤에 붙여 사용하면 '~을 잘하다' 혹은 '잘 ~하다'라는 의미로 동작이 성공적으로 잘 완료됐음을 나타내는 결과보어가 돼요.

면접 전에 준비를 잘해야 해.

| 面试 | 前 | 应该 | 做 | 好 | 准备。 |
|---|---|---|---|---|---|
| Miànshì | qián | yīnggāi | zuò | hǎo | zhǔnbèi. |
| 면접하다 | 전 | ~해야 한다 | 하다 | ~을 잘하다 | 준비하다 |

네가 시험을 잘 볼 수 있길 바래

| 希望 | 你 | 能 | 考 | 好。 |
|---|---|---|---|---|
| Xīwàng | nǐ | néng | kǎo | hǎo. |
| 바라다 | 네가 | ~할 수 있다 | 시험을 보다 | ~을 잘하다 |

# DAY 10 운세는 운세일 뿐!
-별자리, 띠 운세 보기

---

**1** "비록 A지만, B하다"라고 말할 때, 虽然A, 但B

> 下个月你虽然学业运好，　다음달 학업 운은 좋은데, 애정운이 안 좋다네.
> 但爱情运不好。　　　　　(비록 다음달 학업 운은 좋아, 하지만 애정운이 안 좋다네.)

虽然A, 但B(suīrán A, dàn B)는 '비록 A지만, B하다'라는 의미예요. A와 B는 서로 일치하지 않거나 상반된 내용이에요. 참고로, 但(dàn) 대신에 但是(dànshì, 하지만), 可是(kěshì, 하지만)로 말해도 돼요.

> 비록 힘들지만, 나는 학교에 가야 한다.

| 虽然 | 很 | 累, | 但是 | 我 | 要 | 去 | 学校。 |
|------|-----|------|--------|-----|------|------|---------|
| Suīrán | hěn | lèi, | dànshì | wǒ | yào | qù | xuéxiào. |
| 비록 | 매우 | 힘들다 | 하지만 | 나는 | ~해야 한다 | 가다 | 학교에 |

> 비록 나는 많이 마셨어, 하지만 여전히 정신이 맑아.

| 虽然 | 我 | 喝 | 了 | 很 | 多, | 可是 | 还 | 很 | 清醒。 |
|------|-----|-----|-----|-----|------|--------|------|------|---------|
| Suīrán | wǒ | hē | le | hěn | duō, | kěshì | hái | hěn | qīngxǐng. |
| 비록 | 나는 | 마시다 | ~했다 | 매우 | 많다 | 하지만 | 여전히 | 매우 | (머릿속이) 맑다 |

---

**2** "~인 것 같다"라고 말할 때, 好像~

> 最近他好像真的不怎么　　남자친구가 최근에 나한테
> 主动联系我。　　　　　　적극적으로 연락 안 하는 것 같아.

'好像~(hǎoxiàng~)'은 '~인 것 같다'라는 의미로, 부사나 동사로 쓰일 수 있어요. 好像이 부사일 때 추측이나 불확실한 판단을 말할 때 쓰고, 동사일 땐 비슷한 현상이나 사물에 빗대어 말할 때 써요.

> 핸드폰이 고장난 것 같아.

| 手机 | 好像 | 坏 | 了。 | 부사 好像 |
|------|------|-----|------|-----------|
| Shǒujī | hǎoxiàng | huài | le. | |
| 핸드폰이 | ~인 것 같다 | 고장나다 | ~했다 | |

> 그녀의 얼굴은 빨간 사과 같아.

| 她 的 | 脸蛋儿 | 好像 | 红彤彤 | 的 苹果。 | 동사 好像 |
|-------|---------|------|--------|-----------|-----------|
| Tā de | liǎndànr | hǎoxiàng | hóngtōngtōng | de píngguǒ. | |
| 그녀 ~의 | 얼굴은 | ~인 것 같다 | 빨갛다 | ~의 사과 | |

**DAY 11 아쉽지만 이 백팩도 예쁘니까**
-다른 가방으로 교환하기

### 1 "심지어 A도 B하다"라고 말할 때, 连A都B

> 我连一次都没用过。　　　　　　저 심지어 한 번도 안 썼어요.

**连A都B**(lián A dōu B)는 '심지어 A도 B하다'라는 의미로, A에 해당하는 대상이나 상황을 강조할 때 말해요. 都 대신에 **也**(yě, ~도)로도 말할 수 있어요.

> 심지어 애도 이 일을 알아.

| 连 | 孩子 | 都 | 知道 | 这 | 事。 |
|---|---|---|---|---|---|
| Lián | háizi | dōu | zhīdào | zhè | shì. |
| 심지어~ | 아이 | ~도 | 알다 | 이 | 일을 |

> 나와 그는 심지어 이름도 같아.

| 我 | 和 | 他 | 连 | 名字 | 都 | 一样。 |
|---|---|---|---|---|---|---|
| Wǒ | hé | tā | lián | míngzi | dōu | yíyàng. |
| 나 | ~와 | 그는 | 심지어~ | 이름 | ~도 | 같다 |

### 2 "도대체", "결국"이라고 말할 때, 到底

> 到底怎么回事啊？　　　　　　도대체 어떻게 된 일이에요?

**到底**(dàodǐ)는 문장 종류에 따라 의미가 달라져요. 의문문에서는 '도대체'란 의미로 주로 못마땅한 심정을 나타낼 때 말하고, 평서문에서는 '결국'이라는 의미로 마침내 어떤 상황이 발생했을 때 말해요.

> 너희들 도대체 오는 거야 안 오는 거야?

| 你们 | 到底 | 来 | 不 | 来? | 의문문일 때 |
|---|---|---|---|---|---|
| Nǐmen | dàodǐ | lái | bu | lái? | '도대체' |
| 너희는 | 도대체 | 오다 | 아니다 | 오다 | |

> 이 일은 결국 엄마가 알게 됐어.

| 这 | 事 | 到底 | 被 | 妈妈 | 知道 | 了。 | 평서문일 때 |
|---|---|---|---|---|---|---|---|
| Zhè | shì | dàodǐ | bèi | māma | zhīdào | le. | '결국' |
| 이 | 일은 | 결국 | ~에게 ~을<br>당하다 | 엄마 | 알다 | ~했다 | |

**DAY 12** 설레는 데이트! 유후~

-남자친구와 약속 잡기

## 1 "너무 ~하다"라고 말할 때, 太~了

 太好了, 我们去兜风吧。　너무 잘 됐다, 우리 드라이브하러 가자.

太~了(tài~le)는 '너무 ~하다'라는 의미로, 정도가 매우 뛰어나거나 너무 지나칠 때 사용해요. 정도가 매우 뛰어나 감탄할 때는 太棒了(tài bàng le, 너무 훌륭해) 또는 太好了(tài hǎo le, 너무 좋아)라고 자주 말한답니다.

 샤오리는 너무 훌륭해!

| 小李 | 太 | 棒 | 了! | 정도가 매우 뛰어날 때 |
|---|---|---|---|---|
| Xiǎo Lǐ | tài | bàng | le! | |
| 샤오리는 | 너무 | 훌륭하다 | | |

이 지역의 교통은 너무 불편해.

| 这 | 地方 | 的 | 交通 | 太 | 不 | 方便 | 了。 | 정도가 너무 지나칠 때 |
|---|---|---|---|---|---|---|---|---|
| Zhè | dìfang | de | jiāotōng | tài | bù | fāngbiàn | le. | |
| 이 | 지역 | ~의 | 교통은 | 너무 | 아니다 | 편리하다 | | |

## 2 "아니면"이라고 말할 때, 要不

 要不, 一起去看音乐剧?　아니면, 같이 뮤지컬 볼래?

要不(yàobù)는 '아니면'이란 의미로, 다른 의견이나 방법을 제안할 때 또는 두 가지 상황을 제시할 때 사용해요.

아니면 내가 설거지 할까?

| 要不 | 我 | 洗 | 碗? | 다른 의견, 방법 제안할 때 |
|---|---|---|---|---|
| Yàobù | wǒ | xǐ | wǎn? | |
| 아니면 | 나 | 씻다 | 그릇 | |

아니면 네가 가고 아니면 내가 가고.

| 要不 | 你 | 去 | 要不 | 我 | 去。 | 두 가지 상황 제시할 때 |
|---|---|---|---|---|---|---|
| Yàobù | nǐ | qù | yàobù | wǒ | qù. | |
| 아니면 | 너 | 가다 | 아니면 | 나 | 가다 | |

해커스 중국어회화 10분의 기적 상황별로 말하기

**DAY 13 세탁기 또 말썽이야!**
-A/S 센터에 수리 예약 전화하기

## 1 "~할 수 없다"라고 말할 때, ~不了

 它启动不了了。

세탁기가 작동이 안 돼요.
(세탁기가 작동을 할 수 없어요.)

'~不了(~buliǎo)'는 '~할 수 없다'라는 의미로, 술어 뒤에 붙여 사용하면 동작의 불가능을 나타내는 가능보어가 돼요. 不了는 '동사+不了' 형식으로 쓰이고, 여기서 不는 경성으로 읽고, 了는 le가 아닌 liǎo로 발음해야 해요.

 그는 롤러코스터를 탈 수 없어.

| 他 | 坐 | 不了 | 过山车。 |
|---|---|---|---|
| Tā | zuò | buliǎo | guòshānchē. |
| 그는 | 타다 | ~할 수 없다 | 롤러코스터를 |

아빠는 공포 영화를 볼 수 없으셔.

| 爸爸 | 看 | 不了 | 恐怖片。 |
|---|---|---|---|
| Bàba | kàn | buliǎo | kǒngbùpiàn. |
| 아빠는 | 보다 | ~할 수 없다 | 공포 영화를 |

## 2 "A하면 A할수록 B하다"라고 말할 때, 越A越B

 越快越好。

빠르면 빠를수록 좋아요.

越A越B(yuè A yuè B)는 'A하면 A할수록 B하다'라는 의미로, A의 변화에 따라서 B도 변할 때 써요. A와 B에는 형용사나 동사가 올 수 있으며, 越(yuè, 더욱 더)가 정도를 나타내는 부사이기 때문에 很(hěn, 매우), 非常(fēicháng, 매우), 特别(tèbié, 아주) 등의 다른 정도부사와 함께 쓸 수 없어요.

나는 업무 경험이 많으면 많을수록 좋다고 생각해.

| 我 | 觉得 | 工作 | 经验 | 越多越好。 |
|---|---|---|---|---|
| Wǒ | juéde | gōngzuò | jīngyàn | yuè duō yuè hǎo. |
| 나는 | ~라고 생각하다 | 업무 | 경험이 | 많으면 많을수록 좋다 |

비가 내리면 내릴수록 세져, 난 나가고 싶지 않아.

| 雨 | 越下越大, | 我 | 不 | 想 | 出去。 |
|---|---|---|---|---|---|
| Yǔ | yuè xià yuè dà, | wǒ | bù | xiǎng | chūqu. |
| 비가 | 내리면 내릴수록 세다 | 나는 | 아니다 | ~하고 싶다 | 나가다 |

# DAY 14 길 제대로 알려 줬겠지?
-길거리에서 길 알려 주기

## 1 "~하며 나아가다", "반대로 ~하다"라고 말할 때, ~过去

 **不能走过去吗?**

걸어서는 못 가나요?
(걸으며 나아갈 수 없어요?)

过去(guòqu)는 본래 '가다', '지나가다'라는 의미지만, 술어 뒤에 붙여 사용하면 '~하며 나아가다', '반대로 ~하다'라는 의미로 현재 있는 곳을 떠나거나 지나감 혹은 진행 방향이 반대로 바뀜을 나타내는 방향보어가 돼요.

샤오밍은 급하게 뛰어갔어.(샤오밍은 급하게 뛰며 나아갔어.)

| 小明 | 急忙 | 跑 | 了 | 过去。 |
|---|---|---|---|---|
| Xiǎo Míng | jímáng | pǎo | le | guòqu. |
| 샤오밍은 | 급하다 | 뛰다 | ~했다 | ~하며 나아가다 |

현재 있는 곳을 떠나거나 지나 갈 때
'~하며 나아가다'

너 반대로 돌아봐!

| 你 | 转 | 过去! |
|---|---|---|
| Nǐ | zhuǎn | guòqu! |
| 너는 | 전환하다 | 반대로 ~하다 |

진행 방향이 반대로 바뀔 때
'반대로 ~하다'

## 2 "비교적 ~"라고 말할 때, 比较~

 **走路比较远。**

걷기엔 비교적 멀어요.

'比较~(bǐjiào~)'는 '비교적 ~하다'라는 의미로, 형용사나 동사 앞에 쓰여 일정 정도 이상임을 나타낼 때 써요. 참고로, 比较는 부정문에는 잘 쓰지 않아요.

우리 집에서 출발하면 비교적 가까워.

| 从 | 我 | 家 | 出发 | 比较 | 近。 |
|---|---|---|---|---|---|
| Cóng | wǒ | jiā | chūfā | bǐjiào | jìn. |
| ~에서 | 나 | 집 | 출발하다 | 비교적 | 가깝다 |

여기는 교통이 비교적 편리해.

| 这儿 | 的 | 交通 | 比较 | 方便。 |
|---|---|---|---|---|
| Zhèr | de | jiāotōng | bǐjiào | fāngbiàn. |
| 여기 | ~의 | 교통은 | 비교적 ~ | 편리하다 |

# DAY 15 시간이 해결해 줄 거야
-이별에 대해 얘기하기

## 1 "A 때문에 B하다"라고 말할 때, 因为A而B

因为性格不合而分手了。　　　성격이 안 맞았기 때문에 헤어졌어.

**因为A而B**(yīnwèi A ér B)는 'A 때문에 B하다'라는 의미로, 인과 관계를 나타내는 접속사예요. A에는 원인을, B에는 결과를 쓰면 돼요.

사소한 일 때문에 답답해하고 괴로워하지 마.

| 不要 | 因为 | 小事 | 而 | 感到 | 郁闷。 |
|---|---|---|---|---|---|
| Búyào | yīnwèi | xiǎo shì | ér | gǎndào | yùmèn. |
| ~하지 마라 | ~때문에 | 사소한 일 | | ~라고 느끼다 | 답답하고 괴롭다 |

난 네가 있기 때문에 행복하다 느껴.

| 我 | 因为 | 你 | 的 | 存在 | 而 | 感到 | 幸福。 |
|---|---|---|---|---|---|---|---|
| Wǒ | yīnwèi | nǐ | de | cúnzài | ér | gǎndào | xìngfú. |
| 나는 | ~때문에 | 너 | ~의 | 존재 | | ~라고 느끼다 | 행복하다 |

## 2 "A하기만 하면 B하다"라고 말할 때, 只要A就B

只要善良就好。　　　착하기만 하면 돼.

**只要A就B**(zhǐyào A jiù B)는 'A하기만 하면 B하다'라는 의미로, 조건 관계를 나타내는 접속사예요. A에는 B가 성립하기 위한 조건이 와요.

합격하기만 하면 돼.

| 只要 | 及格 | 就 | 行。 |
|---|---|---|---|
| Zhǐyào | jígé | jiù | xíng. |
| ~하기만 하면 | 합격하다 | | 되다 |

성실히 준비하기만 하면 반드시 성공할 거야.

| 只要 | 认真 | 准备 | 就 | 一定 | 会 | 成功。 |
|---|---|---|---|---|---|---|
| Zhǐyào | rènzhēn | zhǔnbèi | jiù | yídìng | huì | chénggōng. |
| ~하기만 하면 | 성실하다 | 준비하다 | | 반드시 | ~할 것이다 | 성공하다 |

**DAY 16  그 영화를 안 봤다고?**
-영화에 대해 얘기하기

**1** **"안 ~했을 리가 없다"라고 말할 때, 不会没~**

 你那么喜欢看电影，
不会没看过吧。

너 영화 보는 거 그렇게 좋아하는데,
안 봤을 리가 없어.

'**不会没**~(bú huì méi~)'는 '안 ~했을 리가 없다'라는 의미로, 강한 긍정을 말할 때 사용해요. 부정부사 **不**(bù, 아니다)와 **没**(méi, 않다)가 함께 쓰였기 때문에 '이중 부정문'이라고 해요.

| 너를 좋아하는 사람이 없을 리 없어!<br>(너를 좋아하는 사람이 안 있을 리가 없어!) | 不会没<br>Bú huì méi<br>안 ~했을 리가<br>없다 | 有<br>yǒu<br>있다 | 人<br>rén<br>사람이 | 喜欢<br>xǐhuan<br>좋아하다 | 你!<br>nǐ!<br>너를 |
|---|---|---|---|---|---|

| 네가 이 노래를 안 들어봤을 리가 없어. | 你<br>Nǐ<br>너는 | 不会没<br>bú huì méi<br>안 ~했을 리가<br>없다 | 听<br>tīng<br>듣다 | 过<br>guo<br>~했었다 | 这<br>zhè<br>이 | 首<br>shǒu<br>곡 | 歌。<br>gē.<br>노래를 |
|---|---|---|---|---|---|---|---|

**2** **"A가 B하게 하다"라고 말할 때, 让AB**

 很有意思，太让人紧张了。

재미있어, 엄청 긴장하게 해.
(재미있어, 사람을 긴장하게 해.)

**让AB**(ràng A B)는 'A가 B하게 하다'라는 의미로, A에게 B라는 행동을 시킬 때 사용해요. A에는 행동을 해야 하는 사람을, B에는 해야 하는 동작을 넣어 말하면 돼요. 참고로, A에 **我**(wǒ, 나)를 넣어 말하면 '나를 B하게 하다'라는 의미로, 상대방에게 허락을 구하거나 요청할 때 쓸 수 있어요.

| 엄마가 나에게 게임 하지<br>말라고 하셨어. | 妈妈<br>Māma<br>엄마가 | 不<br>bú<br>아니다 | 让<br>ràng<br>~가~하게<br>하다 | 我<br>wǒ<br>나 | 玩<br>wán<br>놀다 | 游戏。<br>yóuxì.<br>게임을 |
|---|---|---|---|---|---|---|

| 나 생각 좀 해도 될까?<br>(나 생각 좀 하게 해줄 수 있어?) | 让<br>Ràng<br>~가~하게<br>하다 | 我<br>wǒ<br>나 | 想想<br>xiǎngxiang<br>좀 생각하다 | 可以<br>kěyǐ<br>~해도 좋다 | 吗?<br>ma?<br>~니 |
|---|---|---|---|---|---|

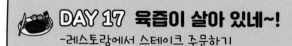

## DAY 17 육즙이 살아 있네~!

-레스토랑에서 스테이크 주문하기

### 1 "A가 아니라 B이다"라고 말할 때, 不是A而是B

**本店有名的不是啤酒而是葡萄酒。** 저희 가게에서 유명한 것은
맥주가 아니라 와인입니다.

不是A而是B(bú shì A ér shì B)는 'A가 아니라 B이다'라는 의미로, A를 부정하고 B를 긍정할 때 쓸 수 있어요.

| 내 고향은 상하이가 아니라 베이징이야. | 我 Wǒ 나 | 的 de ~의 | 故乡 gùxiāng 고향은 | 不是 bú shì ~이 아니라 | 上海 Shànghǎi 상하이 | 而是 ér shì ~이다 | 北京。 Běijīng. 베이징 |

| 샤오밍이 잘하는 과목은 수학이 아니라 국어야. | 小明 Xiǎo Míng 샤오밍 | 擅长 shàncháng 뛰어나다 | 的 de ~의 | 科目 kēmù 과목은 | 不是 bú shì ~이 아니라 | 数学 shùxué 수학 | 而是 ér shì ~이다 | 语文。 yǔwén. 국어 |

### 2 "바로", "곧"이라고 말할 때, 马上

**请稍等，马上为您准备。** 잠시만 기다려 주세요,
바로 준비해 드리겠습니다.

马上(mǎshàng)은 '바로', '곧'이라는 의미로, 어떠한 일이 곧 시작됨을 나타낼 때 사용해요. 马上은 '就(jiù)'나 '要(yào, ~할 것이다)'와 함께 "**马上就**", "**马上要**" 형태로 자주 써요. 참고로 就는 따로 해석하지 않아요.

| 제가 바로 문서를 보내 드릴게요. | 我 Wǒ 나는 | 马上 mǎshàng 바로 | 把 bǎ ~을/를 | 文件 wénjiàn 문서 | 发 fā 보내다 | 给 gěi ~에게 | 您。 nín. 당신 |

| 엄마, 좀 기다려 주세요, 저 바로 내려가요. | 妈妈, Māma, 엄마 | 等 děng 기다리다 | 我 wǒ 나를 | 一下, yíxià, 좀 ~해 보다 | 我 wǒ 나는 | 马上 mǎshàng 바로 | 就 jiù | 下去。 xiàqu. 내려가다 |

**DAY 18 옷에 또 커피를 쏟았네**
-세탁소에 옷 맡기기

### 1 "~하지 마라"라고 말할 때, 别~

 我会注意的，你别担心。 주의하마, 걱정하지 말렴.

'别~(bié~)'는 '~하지 마라'라는 의미로, 어떤 행동을 그만두도록 권고하거나 금지할 때 사용해요. 别 뒤에 동사를 붙여 말하면 돼요. 참고로, 别 대신에 **不要**(búyào, ~하지 마라)로도 말할 수 있어요.

| 나 놀라게 하지 마. | 别 | 吓唬 | 我。 | | | |
|---|---|---|---|---|---|---|
| | Bié | xiàhu | wǒ. | | | |
| | ~하지 마라 | 놀라게 하다 | 나를 | | | |

| 오늘 일은 마음에 두지 말렴. | 今天 | 的 | 事 | 不要 | 放 | 在 | 心 | 上。 |
|---|---|---|---|---|---|---|---|---|
| | Jīntiān | de | shì | búyào | fàng | zài | xīn | shang. |
| | 오늘 | ~의 | 일은 | ~하지 마라 | 두다 | ~에 | 마음 | ~위 |

### 2 "~을 끝내다", "다 ~하다"라고 말할 때, ~完

 修完后还要清洗一下。 수선 끝낸 후 깨끗하게 세탁 좀 해 주시고요.

完(wán)은 본래 '끝나다'라는 의미지만, 술어 뒤에 붙여 사용하면 '~을 끝내다', '다 ~하다'라는 의미로, 하던 동작을 다 완료했음을 나타내는 결과보어가 돼요.

| 나 방금 축구 끝냈어.<br>(나 방금 축구를 다 찼어.) | 我 | 刚 | 踢 | 完 | 足球。 | | |
|---|---|---|---|---|---|---|---|
| | Wǒ | gāng | tī | wán | zúqiú. | | |
| | 나는 | 방금 | 차다 | ~을 끝내다 | 축구를 | | |

| 부장님께서는 매일 일을 끝내야 비로소 퇴근하셔. | 部长 | 每天 | 把 | 工作 | 做 | 完 | 才 | 下班。 |
|---|---|---|---|---|---|---|---|---|
| | Bùzhǎng | měi tiān | bǎ | gōngzuò | zuò | wán | cái | xiàbān. |
| | 부장님은 | 매일 | ~을 | 일 | 하다 | ~을 끝내다 | 비로소 | 퇴근하다 |

## 1  "B하게 A하다"라고 말할 때, A得B

 朴智星下半场踢得好。

박지성이 후반전엔 잘 찼어.
(박지성이 후반전엔 좋게 찼어.)

A得B(A de B)는 'B하게 A하다'라는 의미로, 동작이나 상태의 정도를 더 구체적으로 말할 때 사용해요. A에는 술어가 오고, B에는 주로 '(부사+)형용사'가 와요. 참고로, 술어A에 목적어가 있으면 'A+목적어+A+得+B'의 형식으로 쓰지만, 첫 번째 A는 생략할 수 있음을 알아 두세요.

그는 한자를 보기 좋게 써.

| 他 | 写 | 汉字 | 写 | 得 | 很 | 好看。 |
|---|---|---|---|---|---|---|
| Tā | xiě | Hànzì | xiě | dé | hěn | hǎokàn. |
| 그는 | 쓰다 | 한자를 | 쓰다 | | 매우 | 보기 좋다 |

샤오왕은 모든 일을 성실하게 해.

| 小王 | (做) | 事 | 做 | 得 | 很 | 认真。 |
|---|---|---|---|---|---|---|
| Xiǎo Wáng | (zuò) | shì | zuò | de | hěn | rènzhēn. |
| 샤오왕은 | (하다) | 일을 | 하다 | | 매우 | 성실하다 |

## 2  "A에게 B 당하다"라고 말할 때, 被AB

 韩国队的主力被绊倒后，受轻伤了。

한국 팀 에이스가 태클 때문에 넘어진 후
(걸려 넘어짐을 당한 후), 가벼운 부상을 입었어.

被AB(bèi A B)는 'A에게 B 당하다'라는 의미로, 다른 사람이나 사물에 의해 동작을 당할 때 사용해요. 이렇게 被가 들어가는 문장을 '被자문'이라고 해요. 주로 당한 사람이나 사물이 주어가 되며 A에는 행위의 주체를, B에는 동작을 나타내는 술어를 넣어서 말하면 돼요. 만약 A를 알 수 없거나 말할 필요가 없을 땐 생략해도 돼요.

나 해고당했어.

| 我 | 被 | 炒鱿鱼 | 了。 |
|---|---|---|---|
| Wǒ | bèi | chǎo yóuyú | le. |
| 나는 | ~에게 ~을 당하다 | 해고하다 | ~했다 |

너 사장님에게 사기당했어?

| 你 | 被 | 老板 | 骗 | 了 | 吗? |
|---|---|---|---|---|---|
| Nǐ | bèi | lǎobǎn | piàn | le | ma? |
| 너는 | ~에게 ~을 당하다 | 사장님 | 사기치다 | ~했다 | ~니 |

**DAY 20 선물 고르기 어려워**
-가족 생일 선물 구매하기

## 1 "A에 가서 B를 고르다"라고 말할 때, 去A选B

 我们去那儿选礼物吧。 우리 저기 가서 선물 고르자.

**去A选B**(qù A xuǎn B)는 'A에 가서 B를 고르다'라는 의미예요. **去A选B**처럼 한 문장에 두 개 이상의 동사가 연달아 나오는 문장을 '연동문'이라고 해요. 연동문에서는 동작이 발생된 순서대로 동사를 나열하면 돼요.

나 집에 가서 자고 싶어.
| 我 | 要 | 回 | 家 | 睡觉。 |
|---|---|---|---|---|
| Wǒ | yào | huí | jiā | shuìjiào. |
| 나는 | ~하고 싶다 | 돌아가다 | 집에 | 자다 |

난 시장에 가서 채소 살 거야.
| 我 | 要 | 去 | 市场 | 买 | 菜。 |
|---|---|---|---|---|---|
| Wǒ | yào | qù | shìchǎng | mǎi | cài. |
| 나는 | ~할 것이다 | 가다 | 시장에 | 사다 | 채소를 |

## 2 "A 외에도, B하다"라고 말할 때, 除了A, 还B

 包装纸除了红色, 还有别的吗? 빨간색 제외하고, 다른 포장지 있어요?
(빨간색 외에도 다른 포장지 있어요?)

**除了A, 还B**(chúle A, hái B)는 'A 외에도, B하다'라는 의미예요. A 뒤에 **之外**(zhīwài, ~외), **以外**(yǐwài, 이외)를 붙여 말할 수 있고, **还** 대신에 **也**(yě, ~도)를 쓸 수도 있어요. 이때, A가 B에 포함되어 있음을 알아두세요.

나 외에도, 또 누가 있어?
| 除了 | 我, | 还 | 有 | 谁 | 在? |
|---|---|---|---|---|---|
| Chúle | wǒ, | hái | yǒu | shéi | zài? |
| ~외에도 | 나 | 또 | 있다 | 누가 | 있다 |

**플러스 포인트** 除了A, 都B(chúle A, dōu B)는 'A를 제외하고, 모두 B하다'라는 의미예요. 이때, A는 B에 포함되지 않아요.

나만 갔어.(나를 제외하고 간 사람은 모두 없어.)
| 除了 | 我, | 都 | 没 | 人 | 去。 |
|---|---|---|---|---|---|
| Chúle | wǒ, | dōu | méi | rén | qù. |
| ~을 제외하고 | 나 | 모두 | 없다 | 사람 | 가다 |

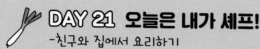

## DAY 21 오늘은 내가 셰프!
-친구와 집에서 요리하기

### 1 "A를 B하다"라고 말할 때, 把AB

把这块猪肉切成片，炒一炒。

이 돼지고기 슬라이스로 썰어서, 좀 볶아줘.
(이 돼지고기를 슬라이스로 되게, 좀 볶아줘.)

把AB(bǎ A B)는 'A를 B하다'라는 의미로, A의 처리 결과를 강조할 때 사용해요. 이렇게 把가 들어가는 문장을 '把자문'이라고 해요. A에 처리 대상을 B에 술어를 넣어 말하면 돼요. 참고로, B에는 동작의 처리 결과를 나타내는 了(le) 또는 보어 등과 같은 기타성분을 함께 사용해야 해요.

| 나는 신분증을 잃어버렸어. | 我 | 把 | 身份证 | 丢 | 了。 |
|---|---|---|---|---|---|
| | Wǒ | bǎ | shēnfènzhèng | diū | le. |
| | 나는 | ~을/를 | 신분증 | 잃어버리다 | ~했다 |

| 번거롭지만 나에게 회의 기록을 보내 줘. | 麻烦 | 把 | 会议 | 记录 | 发 | 给 | 我。 |
|---|---|---|---|---|---|---|---|
| | Máfan | bǎ | huìyì | jìlù | fā | gěi | wǒ. |
| | 번거롭게 하다 | ~을/를 | 회의 | 기록 | 보내다 | ~에게<br>~을 주다 | 나 |

### 2 "~로 되다"라고 말할 때, ~成

把这块猪肉切成片，炒一炒。

이 돼지고기 슬라이스로 썰어서, 좀 볶아줘.
(이 돼지고기를 슬라이스로 되게, 썰어서 좀 볶아줘.)

成(chéng)은 본래 '완성하다'라는 의미지만, 술어 뒤에 붙여 사용하면 '~로 되다'라는 의미로 동작의 결과에 분명한 변화가 있음을 나타내는 결과보어가 돼요. 成 뒤에는 변화 후의 결과를 나타내는 명사가 온다는 점을 알아 두세요.

| 이 사과가 어떻게 이 모양으로 변하게 되었지? | 这 | 苹果 | 怎么 | 变 | 成 | 这 | 样子 | 了? |
|---|---|---|---|---|---|---|---|---|
| | Zhè | píngguǒ | zěnme | biàn | chéng | zhè | yàngzi | le? |
| | 이 | 사과는 | 어떻다 | 변하다 | ~로 되다 | 이 | 모양 | 되었다 |

| 나는 어쩔 수 없이 인민폐를 달러로 바꾸게 되었어. | 我 | 不得不 | 把 | 人民币 | 换 | 成 | 美元 | 了。 |
|---|---|---|---|---|---|---|---|---|
| | Wǒ | bùdébù | bǎ | rénmínbì | huàn | chéng | měiyuán | le. |
| | 나는 | 어쩔 수 없이 | ~을/를 | 인민폐 | 바꾸다 | ~로 되다 | 달러 | 되었다 |

**1**  **"~하는 중이다"라고 말할 때, 正在~**

> 我**正在**找能和朋友一起住的。

제가 지금 친구랑 함께
살 수 있는 집 구하는 중이에요.

'**正在**~(zhèngzài~)'는 '~하는 중이다'라는 의미예요. **正在**는 동작이 진행 중이거나 상태가 지속됨을 나타내며, 술어 앞에 와요. **正在**는 동작의 지속을 나타내는 어기조사 '~**呢**(ne, ~하는 중이다)'와 함께 자주 쓰며, **正在** 대신에 **正**(zhèng)이나 **在**(zài)만 말해도 돼요.

> 샤오밍은 실험하고
> 있는 중이야.

| **小明** | **正在** | **做** | **实验** | **呢。** |
|---|---|---|---|---|
| Xiǎo Míng | zhèngzài | zuò | shíyàn | ne. |
| 샤오밍은 | ~하는 중이다 | 하다 | 실험을 | ~하는 중이다 |

동작이
진행 중일 때

> 중국에서는 신문을
> 보는 사람이 줄어
> 드는 중이야.

| **在** | **中国** | **看** | **报纸** | **的** | **人** | **正在** | **减少。** |
|---|---|---|---|---|---|---|---|
| Zài | Zhōngguó | kàn | bàozhǐ | de | rén | zhèngzài | jiǎnshǎo. |
| ~에서 | 중국 | 보다 | 신문을 | ~의 | 사람이 | ~하는 중이다 | 줄어들다 |

상태가
지속될 때

**2**  **"~로부터 떨어져 있다"라고 말할 때, 离~**

> 希望**离**地铁站近
> 一点儿。

지하철역에서 좀 가까우면 좋겠어요.
(지하철역으로부터 좀 가깝게 떨어져 있으면 좋겠어요.)

'**离**~(lí~)'는 '~로부터 떨어져 있다'라는 의미로, 특정 장소나 시점으로부터 얼마나 떨어져 있는지를 나타내요. 따라서 **离** 다음에는 장소나 시점을 나타내는 단어가 와요.

> 회사는 내 집으로부터
> 멀리 떨어져 있어.

| **公司** | **离** | **我** | **家** | **很** | **远。** |
|---|---|---|---|---|---|
| Gōngsī | lí | wǒ | jiā | hěn | yuǎn. |
| 회사는 | ~로부터 떨어지다 | 나 | 집 | 매우 | 멀다 |

장소로부터
떨어져
있을 때

> 네 생일까지 아직 3일
> 남았어.(네 생일로부터
> 아직 3일 떨어져 있어.)

| **离** | **你** | **的** | **生日** | **还** | **有** | **三** | **天。** |
|---|---|---|---|---|---|---|---|
| Lí | nǐ | de | shēngrì | hái | yǒu | sān | tiān. |
| ~로부터 떨어지다 | 너 | ~의 | 생일 | 아직 | 있다 | 3 | 일 |

시점으로
부터 떨어져
있을 때

중국어 말하기 학습을 돕는 기초 어법  **209**

**DAY 23 나의 첫 룸메이트가 생겼다**
-하우스 셰어하기

**1** **"~해 본 적 있다"라고 말할 때, ~过**

 我们得交电费了，你交过吗?

> 우리 전기세 내야 해,
> 너 내본 적 있어?

'~过(~guo)'는 '~해 본 적 있다'라는 의미로, 주로 과거의 경험을 말할 때 써요. 동사 뒤에 过만 붙여서 말하면 된답니다. 참고로, 이 때 过는 경성으로 읽어요.

> 그는 우리 집에 와본 적 있어.

| 他 | 来 | 过 | 我 | 家。 |
|---|---|---|---|---|
| Tā | lái | guo | wǒ | jiā. |
| 그는 | 오다 | ~해 본 적 있다 | 나 | 집에 |

> 나 양꼬치 먹어본 적 있어.

| 我 | 吃 | 过 | 羊肉串。 |
|---|---|---|---|
| Wǒ | chī | guo | yángròuchuàn. |
| 나는 | 먹다 | ~해 본 적 있다 | 양꼬치를 |

**2** **"먼저 A하고, 그다음 B하다"라고 말할 때, 首先A, 然后B**

 我们首先洗碗，然后打扫房间吧。

> 우리 먼저 설거지하고,
> 그다음 방 청소하자.

首先A, 然后B(shǒuxiān A, ránhòu B)는 '먼저 A하고, 그다음 B하다'라는 의미로, 연이어 발생하는 동작이나 상황의 순서를 말할 때 쓰는 접속사예요. 首先 대신에 先(xiān, 우선/먼저)만 써서 말할 수도 있어요.

> 먼저 발음을 배우고,
> 그다음 어법을 배워.

| 首先 | 学 | 发音, | 然后 | 学 | 语法。 |
|---|---|---|---|---|---|
| Shǒuxiān | xué | fāyīn, | ránhòu | xué | yǔfǎ. |
| 먼저 | 배우다 | 발음을 | 그다음 | 배우다 | 어법을 |

> 먼저 숙제를 하고,
> 그다음 게임을 해.

| 先 | 写 | 作业, | 然后 | 玩 | 游戏。 |
|---|---|---|---|---|---|
| Xiān | xiě | zuòyè, | ránhòu | wán | yóuxì. |
| 먼저 | 쓰다 | 숙제를 | 그다음 | 놀다 | 게임을 |

**DAY 24 내일부터 아르바이트 시작!**
-아르바이트에 대해 얘기하기

## 1 "하나도 남김없이 ~하다"라고 말할 때, ~光

 零花钱都花光了。

용돈을 하나도 남김없이 다 썼어.

光(guāng)은 본래 '남지 않다'라는 의미지만, 술어 뒤에 붙여 사용하면 '하나도 남김없이 ~하다'라는 의미로 어떤 동작을 한 후 남은 것이 없음을 나타내는 결과보어가 돼요. 참고로, '都(dōu, 모두)+술어+光' 형식으로 자주 쓴다는 것을 기억해 두세요.

 이 치마는 하나도 남김없이 다 팔렸어.

| 这 | 款 | 裙子 | 卖 | 光 | 了。 |
|---|---|---|---|---|---|
| Zhè | kuǎn | qúnzi | mài | guāng | le. |
| 이 | 스타일 | 치마는 | 팔다 | 하나도 남김없이 ~하다 | ~했다 |

어제 일을 하나도 남김없이 모두 잊어버렸어.

| 昨天 | 的 | 事情 | 我 | 都 | 忘 | 光 | 了。 |
|---|---|---|---|---|---|---|---|
| Zuótiān | de | shìqing | wǒ | dōu | wàng | guāng | le. |
| 어제 | ~의 | 일을 | 나는 | 모두 | 잊다 | 하나도 남김없이 ~하다 | ~했다 |

## 2 "그렇지만"이라고 말할 때, 但

 挺累的，但现在想想当时做兼职真是个好选择。

엄청 힘들었지, 그렇지만 지금 생각하면 그때 아르바이트한 건 진짜 좋은 선택이었어.

但(dàn)은 '그렇지만'이라는 의미로, 이미 제시된 상황과 다른 상황이 전개될 때 사용하는 접속사예요. 但 뒤에 是(shì)을 붙여 但是(dànshì)으로도 말할 수 있어요.

나는 정말 운동하러 가고 싶어, 그렇지만 밖이 너무 추워.

| 我 | 好 | 想 | 去 | 运动, | 但 | 外面 | 太 | 冷 | 了。 |
|---|---|---|---|---|---|---|---|---|---|
| Wǒ | hǎo | xiǎng | qù | yùndòng, | dàn | wàimiàn | tài | lěng | le. |
| 나는 | 정말 | ~하고 싶다 | 가다 | 운동을 | 그렇지만 | 밖이 | 너무 | 춥다 | |

나는 싼야에 가고 싶어, 그렇지만 비행기표가 너무 비싸.

| 我 | 想 | 去 | 三亚, | 但是 | 机票 | 太 | 贵 | 了。 |
|---|---|---|---|---|---|---|---|---|
| Wǒ | xiǎng | qù | Sānyà, | dànshì | jīpiào | tài | guì | le. |
| 나는 | ~하고 싶다 | 가다 | 싼야에 | 그렇지만 | 비행기표가 | 너무 | 비싸다 | |

**DAY 25 내가 예약한 방이 맞나?**
-호텔에서 숙박하기

---

**1** **"잘못 ~하다"라고 말할 때, ~错**

 刚才我拿钥匙去了房间，
不过房间好像安排错了。

제가 방금 키 가지고 방에 갔는데,
방이 잘못 배정된 것 같아요.

错(cuò)는 본래 '틀리다'라는 의미지만, 술어 뒤에 붙여 사용하면 '잘못 ~하다'라는 의미로 동작의 결과가 틀렸음을 나타내는 결과보어가 돼요.

기사는 길을 잘못 갔어.

| 司机 | 走 | 错 | 路 | 了。 |
|------|-----|-----|------|------|
| Sījī | zǒu | cuò | lù | le. |
| 기사는 | 가다 | 잘못 ~하다 | 길을 | 되었다 |

나는 시간을 잘못 들었어.

| 我 | 听 | 错 | 时间 | 了。 |
|-----|------|-----|---------|------|
| Wǒ | tīng | cuò | shíjiān | le. |
| 나는 | 듣다 | 잘못 ~하다 | 시간을 | 되었다 |

---

**2** **"~하며 올라가다"라고 말할 때, ~上去**

 我马上派员工拿上去。

바로 직원을 보내 갖다 드리겠습니다.
(바로 직원을 보내 지니고 올라가게 하겠습니다.)

上去(shàngqu)는 본래 '올라가다'라는 의미지만, 술어 뒤에 붙여 사용하면 '~하며 올라가다'라는 의미로 동작의 방향이 낮은 곳에서 높은 곳으로 올라감을 나타내는 방향보어가 돼요.

너 뛰어 올라갈 수 있어?

| 你 | 能 | 跑 | 上去 | 吗? |
|-----|------|-----|---------|------|
| Nǐ | néng | pǎo | shàngqu | ma? |
| 너는 | ~할 수 있다 | 뛰다 | ~하며 올라가다 | ~니 |

그가 너를 기다리고 있어,
걸어 올라가 봐.

| 他 | 在 | 等 | 你, | 走 | 上去 | 吧。 |
|-----|------|------|------|------|---------|------|
| Tā | zài | děng | nǐ, | zǒu | shàngqu | ba. |
| 그가 | ~하고 있는 중이다 | 기다리다 | 너를 | 가다 | ~하며 올라가다 | ~하자 |

# DAY 26 파마 잘 나왔다, 만족 만족!

-미용실에서 머리하기-

## 1 "~하면"이라고 말할 때, ~的话

做的话总共需要多长时间?     한다면 전부 얼마나 걸려요?

'~的话(~dehuà)'는 '~하면'이라는 의미로, 어떤 상황을 가정할 때 사용해요. 的话 앞에는 가정하는 상황을, 的话 뒤에는 그 가정에 따른 결과를 말하면 돼요.

너 바쁘지 않으면, 나 좀 도와줘.

| 你 | 不 | 忙 | 的话, | 帮 | 我 | 一下。 |
|---|---|---|---|---|---|---|
| Nǐ | bù | máng | dehuà, | bāng | wǒ | yíxià. |
| 너가 | 아니다 | 바쁘다 | ~하면 | 돕다 | 나를 | 좀 ~하다 |

**플러스 포인트** ~的话는 如果(rúguǒ, 만약), 要是(yàoshi, 만약)과 함께 '如果/要是~的话(rúguǒ/yàoshi ~dehuà, 만약 ~하면)' 형태로 자주 쓰이며, 如果/要是만 써도 돼요.

만약 기회가 있다면, 난 반드시 열심히 할 거야.

| 如果 | 有 | 机会 | 的话, | 我 | 一定 | 认真 | 做。 |
|---|---|---|---|---|---|---|---|
| Rúguǒ | yǒu | jīhuì | dehuà, | wǒ | yídìng | rènzhēn | zuò. |
| 만약 | 있다 | 기회가 | ~하면 | 나는 | 반드시 | 열심히 하다 | 하다 |

## 2 "~할 시간이 없다", "여유가 없다"라고 말할 때, 来不及~

今天来不及了, 下次吧。     오늘은 할 시간이 없어서, 다음에 할게요.

'来不及~(láibují~)'는 '~할 시간이 없다', '여유가 없다'라는 의미예요. 来不及를 단독으로 쓰거나 '来不及+술어+목적어' 형식으로 쓰며, 동작을 할 여유가 없음을 나타내요. 반대로 '~할 시간이 있다', '여유가 있다'라고 말하고 싶을 땐 '来得及~(láidejí~)'라고 말하면 돼요.

나는 너희 집 갈 시간이 없어.

| 我 | 来不及 | 去 | 你 | 家 | 了。 |
|---|---|---|---|---|---|
| Wǒ | láibují | qù | nǐ | jiā | le. |
| 나는 | ~할 시간이 없다 | 가다 | 너 | 집을 | 되었다 |

택시를 타고 가도 여유가 없어.

| 打车 | 去 | 也 | 来不及。 |
|---|---|---|---|
| Dǎchē | qù | yě | láibují. |
| 택시를 타다 | 가다 | ~도 | 여유가 없다 |

## DAY 27 어색한 첫 만남 오글오글
-아는 사람 둘 소개팅 시켜 주기

**1** "~에", "~에서"라고 말할 때, 于~

 我从事于金融业。　　　　　저는 금융업에 종사해요.

'于~(yú~)'는 '~에', '~에서'라는 의미로, 동작 발생의 장소나 시간 등을 말할 때 써요. 于와 함께 자주 쓰는 동사로는 **从事**(cóngshì, 종사하다), **出生**(chūshēng, 출생하다), **死**(sǐ, 죽다), **成立**(chénglì, 창립하다) 등이 있어요.

그는 베이징에서 태어났어.

| 他 | 出生 | 于 | 北京。 | 동작 발생의 |
|---|---|---|---|---|
| Tā | chūshēng | yú | Běijīng. | 장소를 |
| 그는 | 태어나다 | ~에서 | 베이징 | 말할 때 |

우리 회사는 1988년에 창립했어.

| 我们 | 公司 | 成立 | 于 | 1988 | 年。 | 동작 발생의 |
|---|---|---|---|---|---|---|
| Wǒmen | gōngsī | chénglì | yú | yī jiǔ bā bā | nián. | 시간을 |
| 우리 | 회사는 | 창립하다 | ~에 | 1988 | 년 | 말할 때 |

**2** "비록 ~하더라도"라고 말할 때, 哪怕~

 我也想进入这个行业，哪怕竞争激烈！　저도 그 업계에 들어가고 싶어요, 경쟁이 치열해도(비록 경쟁이 치열하더라도)!

'哪怕~(nǎpà ~)'는 '비록 ~하더라도'라는 의미로, 哪怕 뒤에는 인정하는 사실이나 가정하는 내용이 와요. 哪怕는 **也**(yě, 그래도), **都**(dōu, 모두)와 함께 '哪怕~, 也/都~' 형태로 자주 쓰여요.

비록 파지더라도 함부로 버리면 안 돼.

| 哪怕 | 是 | 废纸， | 也 | 不 | 能 | 乱 | 扔。 | 사실을 |
|---|---|---|---|---|---|---|---|---|
| Nǎpà | shì | fèizhǐ, | yě | bù | néng | luàn | rēng. | 인정할 때 |
| 비록 ~하더라도 | 이다 | 파지 | 그래도 | 아니다 | ~할 수 있다 | 함부로 | 버리다 | |

비록 실패할 걸 알더라도, 포기할 수 없어.

| 哪怕 | 知道 | 会 | 失败， | 都 | 不 | 能 | 放弃。 | 가정할 때 |
|---|---|---|---|---|---|---|---|---|
| Nǎpà | zhīdào | huì | shībài, | dōu | bù | néng | fàngqì. | |
| 비록 ~하더라도 | 알다 | ~할 것이다 | 실패하다 | 모두 | 아니다 | ~할 수 있다 | 포기하다 | |

**DAY 28 희망찬 나의 미래!**
-진로에 대해 얘기하기

## 1 "~에 상관없이"라고 말할 때, 不管~

 不管别人怎么说,
我都想找稳定的工作。

다른 사람이 어떻게 말하든 상관없이,
나는 안정적인 직업을 구하고 싶어.

'不管~(bùguǎn~)'은 '~에 상관없이'라는 의미로, 어떤 조건에서도 결과가 같음을 말할 때 쓰는 접속사예요. 不管은 什么(shénme, 무엇) 또는 多(duō, 얼마나)와 같은 의문사나 还是(háishi, 이든지)과 자주 같이 쓰고, 不管의 뒤 문장에는 주로 都(dōu, 모두), 还(hái, 여전히), 也(yě, 도)가 와요.

 어떤 어려움이 닥치든
상관없이, 우리는 모두
극복할 수 있어.

| 不管 | 遇到 | 什么 | 困难, | 我们 | 都 | 能 | 克服。 |
|---|---|---|---|---|---|---|---|
| Bùguǎn | yùdào | shénme | kùnnan, | wǒmen | dōu | néng | kèfú. |
| ~에 상관없이 | 닥치다 | 어떤 | 어려움이 | 우리는 | 모두 | ~할 수 있다 | 극복하다 |

빵이든 밥이든
상관없이, 나는 모두
먹고 싶지 않아.

| 不管 | 是 | 面包 | 还是 | 米饭, | 我 | 都 | 不 | 想 | 吃。 |
|---|---|---|---|---|---|---|---|---|---|
| Bùguǎn | shì | miànbāo | háishi | mǐfàn, | wǒ | dōu | bù | xiǎng | chī. |
| ~에 상관없이 | ~이다 | 빵 | ~이든지 ~ | 밥 | 나는 | 모두 | 아니다 | ~하고 싶다 | 먹다 |

## 2 "A와 B가 같다"라고 말할 때, A和B一样

 可能和你想象的不一样。 아마도 네가 상상하는 거와 같진 않을 거야.

A和B一样(A hé B yíyàng)은 'A와 B가 같다'라는 의미로, A, B 두 비교 대상이 같을 때 말해요. A와 B가 같지 않으면 一样 앞에 不(bù, 아니다)를 붙여 不一样(bù yíyàng, 같지 않다)이라고 말하면 돼요. 또, 和 대신에 跟(gēn, ~와/과)과 与(yǔ, ~와/과)를 써서 말할 수 있는데, 和와 跟은 구어에서 자주 쓰고 与는 서면어에서 자주 써요.

너의 모자와 내 것은 같아.

| 你 | 的 | 帽子 | 和 | 我 | 的 | 一样。 |
|---|---|---|---|---|---|---|
| Nǐ | de | màozi | hé | wǒ | de | yíyàng. |
| 너 | ~의 | 모자 | ~와 | 나 | ~의 | 같다 |

우리 조는 너희 조와 진도가 같아.

| 我们 | 组 | 和 | 你们 | 组 | 进度 | 一样。 |
|---|---|---|---|---|---|---|
| Wǒmen | zǔ | hé | nǐmen | zǔ | jìndù | yíyàng. |
| 우리 | 조 | ~와 | 너희 | 조 | 진도가 | 같다 |

해커스 중국어회화 10분의 기적 상황별로 말하기

# DAY 29  나도 네가 좋아
-친구의 사랑 고백 받아 주기

---

**1**  "A 아니면 B이다"라고 말할 때, 不是A就是B

> 我以为你喜欢的人
> 不是小李就是小张。

> 난 네가 좋아하는 사람이 샤오리
> 아니면 샤오장이라고 생각했는데.

不是A就是B(bú shì A jiù shì B)는 'A 아니면 B이다'라는 의미로, A나 B 둘 중 하나임을 나타낼 때 사용해요. 不是A而是B(bú shì A ér shì B, A가 아니라 B이다)와 헷갈리지 않게 주의하세요.

> 국어 시험은 내일
> 아니면 모레야.

| 语文 | 考试 | 不是 | 明天 | 就是 | 后天。 |
|------|------|------|------|------|------|
| Yǔwén | kǎoshì | bú shì | míngtiān | jiù shì | hòutiān. |
| 국어 | 시험은 | ~이 아니면 | 내일 | ~이다 | 모레 |

> 엄마는 미국 아니면
> 영국 갈 거야.

| 妈妈 | 不是 | 去 | 美国 | 就是 | 去 | 英国。 |
|------|------|------|------|------|------|------|
| Māma | bú shì | qù | Měiguó | jiù shì | qù | Yīngguó. |
| 엄마는 | ~이 아니면 | 가다 | 미국을 | ~이다 | 가다 | 영국을 |

---

**2**  "곧 ~하려고 하다"라고 말할 때, 快~了

> 心脏快炸了。

> 심장 곧 터지려고 해.

快~了(kuài~le)는 '곧 ~하려고 하다'라는 의미로, 어떤 동작이나 상황이 곧 발생할 것 같은 느낌을 나타낼 때 사용해요.

> 해가 곧 지려고 해.
> (해가 곧 산을 내려가려고 해.)

| 太阳 | 快 | 下 | 山 | 了。 |
|------|------|------|------|------|
| Tàiyáng | kuài | xià | shān | le. |
| 해는 | 곧 | 내려가다 | 산을 | |

> 나 곧 도착하니, 빨리 내려와.

| 我 | 快 | 到 | 了, | 赶紧 | 下来。 |
|------|------|------|------|------|------|
| Wǒ | kuài | dào | le, | gǎnjǐn | xiàlai. |
| 나는 | 곧 | 도착하다 | | 빨리 | 내려오다 |

**DAY 30 꼭 입사하고 싶습니다!**
-입사 면접 보기

## 1 "A하게 B하다"라고 말할 때, A地B

 请简单地介绍一下自己。     간단하게 자기소개 좀 해 주세요.

'A地B(A de B)'는 'A하게 B하다'라는 의미로, 동작의 방식이나 태도를 꾸며줄 때 사용해요. A에는 형용사, 부사 또는 동사가 오고 B에는 동작을 나타내는 동사가 와요.

그 어린 남자아이는
슬프게 울었어.

| 那个 | 小 | 男孩 | 伤心 | 地 | 哭 | 了。 |
|---|---|---|---|---|---|---|
| Nàge | xiǎo | nán hái | shāngxīn | de | kū | le. |
| 그것 | 어리다 | 남자아이는 | 슬퍼하다 | | 울다 | ~했다 |

그는 천천히 회사로
돌아갈 수밖에 없었어.

| 他 | 只 | 能 | 慢慢儿 | 地 | 走 | 回 | 公司。 |
|---|---|---|---|---|---|---|---|
| Tā | zhǐ | néng | mànmānr | de | zǒu | huí | gōngsī. |
| 그는 | 오직 | ~할 수 있다 | 천천히 | | 걸어가다 | 돌아가다 | 회사로 |

## 2 "A하든지 B하든지"라고 말할 때, A或者B

 我一般看电影或者看书。     저는 보통 영화를 보든지 독서를 합니다.

A或者B(A huòzhě B)는 'A하든지 B하든지'라는 의미로, 두 개 이상의 상황을 제시할 때 사용해요.

중국어를 배우든지 일본어를
배우든지 다 괜찮아.

| 学 | 汉语 | 或者 | 学 | 日语 | 都 | 行。 |
|---|---|---|---|---|---|---|
| Xué | Hànyǔ | huòzhě | xué | Rìyǔ | dōu | xíng. |
| 배우다 | 중국어를 | 하든지 | 배우다 | 일본어를 | 다 | 괜찮다 |

➕ **플러스 포인트** 还是(háishi) 역시 '~ 아니면 ~'이라는 의미로, 두 개 이상의 상황을 제시할 때 써요. 하지만 或者는 평서문에서, 还是은 의문문에서 쓰인다는 것을 알아 두세요.

우리 밥 먹어
아니면 면 먹어?

| 我们 | 吃 | 米饭 | 还是 | 吃 | 面条? |
|---|---|---|---|---|---|
| Wǒmen | chī | mǐfàn | háishi | chī | miàntiáo? |
| 우리는 | 먹다 | 밥을 | 아니면 | 먹다 | 면을 |

일상에서 바로 써먹는 진짜 생활 중국어로 말하기

**초판 7쇄 발행 2024년 2월 12일**

초판 1쇄 발행  2019년 5월 14일

| | |
|---|---|
| **지은이** | 해커스 중국어연구소 |
| **펴낸곳** | ㈜해커스 어학연구소 |
| **펴낸이** | 해커스 어학연구소 출판팀 |

| | |
|---|---|
| **주소** | 서울특별시 서초구 강남대로61길 23 ㈜해커스 어학연구소 |
| **고객센터** | 02-537-5000 |
| **교재 관련 문의** | publishing@hackers.com |
| | 해커스중국어 사이트(china.Hackers.com) 교재Q&A 게시판 |
| **동영상강의** | china.Hackers.com |

| | |
|---|---|
| **ISBN** | 978-89-6542-289-1 (13720) |
| **Serial Number** | 01-07-01 |

# 중국어도 역시 1위
# 회화가 술술 나오는
# 해커스중국어 학습 시스템

[1위] 한경비즈니스 선정 2017 소비자가 뽑은 소비자만족지수, 교육(중국어학원) 부문 1위 해커스중국어

## 하루 10분 강의
언제 어디서나
부담 없이 짧고 쉽게!

## 1:1 학습케어
스타강사의 맞춤 케어로
원어민 발음 완성!

## 반복·응용 학습
필수 예문 반복으로 입이
저절로 기억하는 말하기

## 실생활 중심의
## 쉬운 중국어
실생활에서 200%
활용 가능한
쉬운 생활중국어